僕らの歌舞伎

先取り！　新・花形世代15人に

葛西聖司

社

尾上松也　『太刀盗人』のすっぱの九郎兵衛
(2013年5月京都四條南座)【松竹】

中村梅枝　『菅原伝授手習鑑』寺子屋の源蔵女房戸浪
(2016年5月歌舞伎座)【松竹】

中村歌昇　『矢の根』の曽我五郎時致
(2015年3月京都四條南座)【松竹】

中村萬太郎　『義経千本桜』渡海屋・大物浦の源九郎判官義経
（2015年7月国立劇場 大劇場）【松竹】

坂東巳之助　『流星』の流星
（2015年3月京都四條南座）【松竹】

中村壱太郎　『GOEMON』の出雲の阿国
(2014年10月大阪松竹座)【松竹】

坂東新悟　『義経千本桜』の静御前
(2016年1月浅草公会堂)【松竹】

尾上右近　『仮名手本忠臣蔵』の早野勘平
（2016年8月国立劇場 小劇場「研の會」）【田口】

大谷廣太郎　『正札附根元草摺』の曽我五郎時致
(2015年11月歌舞伎座「子供歌舞伎教室」)【松竹】

中村種之助　『菅原伝授手習鑑』寺子屋の武部源蔵
（2016年8月国立劇場 小劇場「双蝶会」）【田口】

中村米吉　『鳴神』の雲の絶間姫
(2015年3月京都四條南座)【松竹】

大谷廣松　『正札附根元草摺』の小林朝比奈妹舞鶴
（2015年9月市川海老蔵古典への誘い）【松竹】

中村隼人　『義経千本桜』川連法眼館の源九郎判官義経
（2016年1月浅草公会堂）【福田】

中村児太郎　『本朝廿四孝』の腰元濡衣
(2015年12月歌舞伎座)【松竹】

中村橋之助（国生）　『土佐絵』の名古屋山三
（2016年1月浅草公会堂）【松竹】

僕らの歌舞伎

目次

まえがき

歌舞伎の入門書は数多い。作品解説や衣裳、道具について、名人芸談など多様だ。しかし歌舞伎はなんといっても役者を見る演劇だ。現在の人気役者とその芸に接したい、それが観客の足を劇場に向かわせる大切な動機となる。そんな期待に応える一冊にしたかった。

歌舞伎俳優は層が厚い。文化勲章受章者や人間国宝クラスの大看板、実力の幹部俳優、個性的な脇役や老練なベテラン、中堅、花形から若手まで世代ごとにもわかれている。

なかでも「花形」ということばは独特だ。若さだけでなく人気、実力がそなわり、贔屓をわくわくさせる「時分の花」の役者をさす言葉だ。染五郎、松緑、猿之助、菊之助、海老蔵ら四十歳前後から三十代半ばの勘九郎、七之助あたりまでが現在の花形といえる。

本書で取り上げたのは、その次の世代。ここに大きな特色がある。ほとんどが二十代の大集団。わたしが、この世代を急激に意識したのは二〇一五年正月の浅草だ。歴史ある新春浅草歌舞伎が様変わりした。当時二十九歳の尾上松也を年長とする七人。ひそかに「浅草セブン」と名付けた。三月にはメンバーが一人交替し京都の南座公演も実現。なにかが変わる予感がし、以後、この世代に注目してきた。

近代の歌舞伎は何回かの危機がある。明治末、九代目團十郎・五代目菊五郎が亡くなった後、昭和では戦争と、一九四九年（昭和二十四年）に六代目菊五郎、七代目松本幸四郎を失った時。そして「浅草セブン」登場前、大看板が相次いで鬼籍に、さらに十二代目團十郎、十八代目勘三郎、十代目三津五郎と悲しい別れ。歌舞伎は再び危機に直面した。そんなおりの若手たち。もちろん未知数、子役以外ほとんど舞台経験もなく、いきなり大役ができるわけがない。しかし、急激に役が付くことと、先輩たちの死が、若いなりに「無理だ！」「でもがんばる！」の繰り返しを余儀なくされ、自覚も高まった。そんな苦闘の青春時代を書き留めておくことが、本当の花形に育ったとき、あるいはさらに高みを目指すときの、ヒントにもなるかと対談を重ねてきた。もちろん読者には、この世代を甘やかすのではなく、厳しく育てる意味で、エールを送ってほしい。

本書はプログラム（関東では筋書、関西では番付）や週刊誌などに掲載されているインタビュー記事と同様に「いま」を読む一面もあるが、「ブレイク」前後の心境と体験を見つめ、語ってもらった。何年か経て、その思いを、俳優にも読者にも回想してもらいたい。そんな思いを込めて、まとめた次第である。

なお、歌舞伎界の表現や文字表記には慣例や約束事がある。先輩を「さん」と呼ぶことはプライベートではあっても、公的には「おにいさん」「おじさん」となる。人により「さま」をつけたり「にいさん」の場合もある。本書では、なるべく表記を揃えるようにはしたが、各人の意向を尊重した。実際「おじさん」と「おにいさん」との境目は難しく、各人さまざまで、その読み比べも面白い。

また松竹株式会社では「女方」が統一表記だが、わたしは「女形」と表記している。芝居の作品名を外題というが、本文は通称を多用した。正式な本外題は巻末にまとめた。あえて脚注もない。作品や役名には簡単な説明を入れた。

七人ではなく十五人の選定について、あの人は？　この役者がなぜ？　という疑問もあろうが、父や祖父の芸談や指導、幼少期の稽古の様子も取材したかったので、国立劇場の研修生出身者や、部屋子の俳優は入っていない。最年少の橋之助は、取材時は国生だが、襲名という大イベントが決まっていたことと、二十歳という年齢が幸いしメンバー入りとなった。また、自分の出し物や準主役を勤めた経験も「しばり」にした。

短期間に十五人全員とスケジュールのやりくりができたのは松竹のおかげだ。読者の中には歌舞伎全体を、国が運営していると考える人もいるだろうが、民間の興行会社である松竹がほとんど関わっている。もちろん、二〇一六年で五十周年の国立劇場は俳優だけでなく竹本、鳴物など歌舞伎音楽の研修生養成で歌舞伎を支えているし、制作、興行も明治座や御園座など松竹系ではない劇場と同様行っている。しかし松竹の協力が不可欠だ。長年蓄積してきたノウハウだけでなく、正式な契約関係にはないが、長年の慣習からほとんどの歌舞伎俳優が松竹傘下にいるからである。

過去に、素晴らしい顔合わせや見逃せない名作なのになぜか観客が入らない時代があった。劇場の不入りで経営が苦しい時も、松竹は長期的な視野で日本伝統文化の灯を守ってきた。結果、世界遺産に選定、現在の活況に結び付けた功績も忘れてはいけない。

伝統芸能の力、日本文化の誇りを、ぜひ十五人の、真摯なことばから汲み取ってほしい。

凡例

・本文中、作品名は『　』で示しました（作品中の場や段も含む）。

・本文中、作品名は通称を多用しました。正式名称（「本外題」）は巻末に一覧でまとめました（「まえがき」参照）。

・著者による作品・役の解説は【　】で括り区別しています。

・一部物故者、文脈上必要と判じた箇所を除き、原則として歌舞伎俳優に○代目という代数表記は付していません。

・漢字表記・言い回しについては、原則として歌舞伎界の慣用的な表記を用いましたが、「女形」など、本書内で統一して用いた表記もあります。

・「おじさま」「おにいさん」などの敬称は、なるべく表記統一をしましたが、最終的には俳優各々の意向を尊重しました（「まえがき」参照）。

・本書記事は二〇一六年三〜七月の取材を通し作成され、掲載内容は取材当時の情報に基づいています。なお、各俳優のインタビュー日時と場所は各話末尾に掲載しています。

新・花形世代15人に聞く

聞き手■葛西聖司

尾上松也【おのえ　まつや】

「十年の歳月」を乗り越えて

音羽屋（おとわや）。昭和60年1月30日生。六代目尾上松助の長男。平成2年5月歌舞伎座『伽羅先代萩』の鶴千代で二代目尾上松也を名のり初舞台。平成3年10月、5年3月、8年12月国立劇場特別賞、23年7月同奨励賞、25年3月同優秀賞。5年歌舞伎座賞。13年日本映画批評家大賞新人賞。28年第37回松尾芸能賞新人賞。

菊五郎劇団にいられる幸せ

——新春浅草歌舞伎ではリーダー役です。二十代の後輩もたくさん活躍しています。

■そうですね。人数の多さにはびっくりします。そして、羨ましい。僕の場合は、子役の時もそうでしたが、同世代に当たる人がほとんどいなかったですから。（中村）勘九郎おにいさん、（中村）七之助さんくらいですが、共演する機会が少なく、（菊五郎）劇団の中で、いつまで経っても最年少という状況が長かったです（笑）。

——劇団は層が厚く、子役時代から（尾上）菊五郎さんはじめ色々な方々と一緒でした。

■そうです。劇団の良いところは、新作の場合も常に基本は古典にベースを置いているところです。新しく作っていく舞台の中で、オーソドックスな「歌舞伎的要素」というものを、どうはめ込んでいくかという感覚が自然と摺り込まれていった気はしています。

――若い人が演じるには難しい世話物《せわもの》が、劇団は得意ですよね。

■そうですね、菊五郎のおにいさんも得意にしていらっしゃって、劇団全体として、世話物の空気感を摑んでいる。それが大きいです。世話物を芯《しん》（主役級）で勤めさせていただく機会が増えてきて、チーム力のなせる技を感じます。

――劇団の素晴らしいところは、江戸時代にこういう人がいたんだ、と観客に思わせる役者が多いというのが強みです。

■身内のことを言うのもなんですが、やはり父（六代目・尾上松助）は上手かったと思います。もともと江戸っ子気質があって、意識せずにそういったことができていたのだと思います。風情は出そうと思って出せるものではないので、世話物においては、うちの父をまずお手本にしようと、今でも思っています。

あこがれの「藤松」

――お父さんのお役で、好きだったものは？

■『め組の喧嘩』【江戸のスター同士、鳶《とび》と力士のいざこざ】が好きなので、やっぱり亀右衛門です、格好良かったですね。前半では芝居小屋の前で喧嘩をして、辰五郎【主役・鳶のリーダー】に止められて、そのあと辰五郎の家に行って意見するお役。

――要するに、喧嘩を煽《あお》る役です。『め組』、本当にお好きなんですね。

■歌舞伎から何から全部ひっくるめて、生涯の憧れのお役は藤松【辰五郎の配下】なんです。一番無責任で、あの人が原因で喧嘩が起きて（笑）、そして唯一、殺人を犯す。

――普通なら主役に目が行きそうですが、藤松を観た記憶はどんな方々でですか？

■初めて出させていただいた時は、（坂東）三津五郎おにいさんが八十助時代になさっていらして格好良かった。子どもの頃に拝見した、（尾上）辰之助（現・松緑）おにいさんが勤められていたのも、ぴったりで素敵でした。

――子役で勤めた又八（辰五郎の息子）は、皆から可愛がられる役です。

■又八は二、三回勤めましたが、藤松が喧嘩を売るところは生で見たいので早めに化粧をして舞台袖に観に行って、出番が終わったら、喧嘩の場面を毎日観ていました。立ち廻りもありますし、『め組』なら、今すぐやれと言われても、だいたい全役、わかりますね。

女形だった松也

——私が松也さんに気付いた頃は女形でした。

■もともとは、立役の、格好良いお役に憧れていました。けれども成人してから、女形を長期にわたって修業する機会が多く、想定外でした。子役で女形をさせていただいたときは、写真を見るのも、可愛いと言われるのもいやでした（笑）。『文七元結《ぶんしちもっとい》』のお久《ひさ》【左官屋・長兵衛の貧苦を助けるため吉原に身を売る娘】をさせていただいて、そこから女形が増えて、菊五郎のおにいさんからも、「修業しておきなさい」というお話をいただきました。その時は、少しとまどいました。

——わかります、汚い役ですし（笑）。

■顔（化粧）もあまりしないですしね。ですが、奥が深いと思えるようになったのも、お久がきっかけでした。

――お客様は、お久のセリフで涙を流します。

■話の中心ですから重要なお役です。体の置き方、喋り方を、（澤村）田之助のおにいさんと菊五郎のおにいさんに細かく教えていただいて、やりがいを感じました。

――昔は、雲の絶間姫《たえまひめ》【『鳴神《なるかみ》』、鳴神上人《しょうにん》を破戒させる】をやろうと思っていたとか？

■そうです、女形の修業時代は、いずれやりたいというお役は全部女形。その覚悟を決めた時期もあったのですが、ネックになったのは藤松です。このまま進んでいったらできないと、真剣に悩みました（笑）。

――本気だったんですね（笑）。今になってやってみたかった女形のお役はありますか？

■いっぱいありますね、まずは『忠臣蔵　五・六段目』のおかる【勘平《かんぺい》女房のちに遊女】。『助六』なら揚巻（花魁《おいらん》）を、ゆくゆくは三姫（八重垣姫、時姫、雪姫。女形の大役）もやりたかった。

――たとえば相手役の想定は？

■自分が女形として大成していたのであれば、『助六』だったら（市川）海老蔵おにいさんとか、『五・六段目』（『忠臣蔵』）の勘平だったら（尾上）菊之助おにいさんとか。『め組』なら女房お仲を、松緑のおにいさんとさせていただきたいなあと。

男を演じるのが恥ずかしかった

――そんな女形から，立役に変わっていきます。

■立役への第一歩は、僕の中では、海老蔵おにいさんとご一緒させていただいた、こんぴら歌舞伎（二〇〇八年四月・四国こんぴら歌舞伎大芝居）の『夏祭浪花鑑《なつまつりなにわかがみ》』【大阪の侠客のたてひき】でさせていただいた一寸《いっすん》徳兵衛です。立役の大役としてはたぶんあれが最初だったと思います。若衆などはやっていましたが、本格的な立役、侠客ですから、あれほどの男臭いお役は初めてだった気がします。

――女形中心の人が突然立役に回ると、足元がスースー感じるなどと聞きますが？（笑）。

■ありましたね、一寸徳兵衛の時に不思議な感覚を味わいました。僕は普段は女らしさのかけらもないですから（笑）、地の男性の部分を出せばいいだけのはずなのに、女形の修業をしていたので、舞台で男性の振る舞いをするのが恥ずかしかった（笑）。「うめえ」などと振る舞うのも恥ずかしくて仕方なかったんです。どうしたら男性でいられるのかわからなくなった。不思議でした。

――その幅の広さがこれからの武器になっていくと思います。荒事はどこまでしました？

■『寿曽我対面《ことぶきそがのたいめん》』の曽我五郎は勤めさせていただきました。あと歌舞伎十八番『鳴神』の鳴神上人も。ある時から、自分はこれしかできないということを考えるのはやめました。どんなお役をいただいてもいいように、準備は怠らないようにと思っています。

父・松助の死

――お父さんが亡くなられたのは二十歳の頃です。

■そういうことが起きるとは想像もしていませんでした。病気が見つかった時は、海老蔵おにいさんの襲名披露公演の時。通人《つうじん》【『助六』で観客を沸かせる色気とユーモアの粋人】を勤める予定でした。それからちょうど一年で、父が亡くなるなんて想像もしていない。でも日に日に痩せていく父を見ていると、どこか予感はしていたと思います。五十九歳でした。

――ご自身の中で、心境の変化はいかがでしたか？

■亡くなってから、現実が襲ってきて、自分の今後も含め、妹もまだ小さい（八歳下）し、父が築き上げた松助一門もありました。どれだけ父におんぶで、のほほんとしていたか実感じました。一門には葬儀のあと、「二十歳の自分には何も教えてあげることはできない、うちを離れて、別の家に入ってくださってもかまいません」と伝えました。ですが、皆「ついていく」と即答してくださった。有り難いことだったと思います。

――お父さんの力ですね。

■ええ、一門は父の遺してくれた何よりの財産です。

――先輩の中でも特に相談されたのは？

■松助のルーツが（尾上）松緑家で、松緑おにいさんも早くにお父さまとお祖父さまを亡くされているので、本当に気を配っていただきました。菊五郎のおにいさんもそう。三津五郎おにいさんはよく叱ってくださいました。劇団の皆さんに支えていただいた。

そんな時間があるなら勉強しろ

――激動ともいえる、この十年。松也さん自身で新しい展開を望んだ。それはお父さんが亡くなる前からだと聞きました。

■存命の頃から危機感を感じていました。僕はいわゆる名家の出ではありません。特に、後輩が大人のお役で出だした頃には、それまでは若手の女形が僕しかいなかったので、定期的にお役をいただいていたのですが、お役が廻ってこなくなり、何かをしなくてはと思って、歌舞伎以外の分野にも出て、成長していかないと、と思ったんです。それで、映像やほかの芝居、外の仕事がしたいと。父に相談したら、反対されました。

——何と言われたんですか？

▒「そんな時間があるなら芝居の勉強をしろ」と。父の世代は、許されない時代でした。ですので無断で菊五郎のおにいさんに「どうしてもやりたいんです」と申し上げに行きました。予定もないのに先走って。でもおにいさんは有り難いことにやさしく「お前の人生なんだから、後悔のないようにしろ」とおっしゃってくださった。

——いざ出てみて、外の空気はいかがでしたか。

▒最初はなかなかうまくいきませんでした。テレビドラマに出ようとしても、僕のことなんか誰も知らないので、「そこ（スケジュール）は歌舞伎の舞台が入っています」と言ったら、「じゃあいらないよ」となる。ドラマに出るとなったら撮影スケジュールに合わせて、二、三カ月空ける必要がある。それはリスクが大きくて、その間に後輩が歌舞伎で活躍する。でもリスクに賭けるしか術がなかったので、舞台の予定を二カ月空けてみたら、実働は一週間くらい。二十代後半に至るまで、ずっとそう、八方ふさがりで悩みました。

——歌舞伎自主公演『挑む』への入り口は、その煩悶の中から……。

■もがいていかないと駄目だと思っていました。歌舞伎で行き詰まりを感じ、外の活動もままならない、けれども根本は歌舞伎なので、そこで何かをしていないと意味がないと思って。二十二、三歳の頃です。それで初めて公演をして、手探り状態で苦しかったですが、暗い現実の中で、毎年の目標になりました。

——やるからには菊五郎さんの許可も要る。

■はい、まずはこういうことがしたいと伺って、とても応援してくださって、お教えを頂戴しました。多くの先輩方にも大役をきちんと教えていただける機会ができたことは、価値があることでした。

——本公演では、まわってこない役。だから自分で学ぶしかない、自己投資ですね?

■ですが、現実を知らされました。外にも出ているから、ある程度お客様を呼べるだろうと思っていたら、客席は半分以下だったり。しかし、少なくとも応援してくださる人たちがいることも実感できたので、「ここであきらめちゃいけない」、と強く思えたのも大きかったです。

——自分の稽古より先に、やらなければならないことがたくさんあったでしょう。

■ですから、一門には本当に悪いことをしたと思いました。反省会で、厳しい意見をもらいました。父が亡くなった時には即答で「ついていきます」と言ってくれた一門から、「このようなことが続くなら辞める覚悟がある」と言われたのはショックでした。ひとりで突っ走って、気配りができなかったからです。

——役としての成果を挙げるとしたら何でしょうか？

■本興行につながったお役はやっていて本当に良かったと思います。最初が『太刀盗人《たちぬすびと》』のすっぱの九郎兵衛（二〇〇九年→一三年五月南座）、あと一つが『源氏店《げんじだな》』の与三郎（お富の恋人・切られ与三《よさ》、二〇一一年→一六年一月浅草公会堂）。また自主公演では蝙蝠安《こうもりやす》【与三郎の兄貴分】を（澤村）國矢《くにや》さんがやってくださったのですが、浅草も同じコンビでできたので、感慨がありました。

——國矢さんは門下ではない。実力のある先輩たちと一緒にできたのも、財産ですね。

■生意気にも一緒にやりたいと思う方にお声がけをして、幸い、松竹のほうも、國矢さんを一緒に組んでくださるので、継続した成果だと思います。

——『太刀盗人《たちぬすびと》』【狂言が原作。田舎侍から太刀を欺し取ろうとする泥棒】は、お父さんの

思い出に繋がる役。親孝行でしたね。

■僕にとって特に思い入れの深い演目です。父が何度も本興行でやらせていただいて大切にしていますし、（先々代）松緑さんから父がご指導いただいたものです。父が元気だった頃は、みんな父のところに教わりに来られていましたから。三津五郎おにいさんもそう、今の松緑おにいさんも初めて勤められた時に、その稽古を間近で見ていたものですから、いつか自分が勤めさせていただく時は、松緑おにいさんに教わりたいと思っていました。そして、自主公演、本興行でもご指導いただきました。「『太刀盗人』と言えば松也」、そういう存在になりたいと思っています。

節目の二〇一五年

――節目の一つは、二〇一五年の「新春浅草歌舞伎」。どういう位置づけですか？

■僕にとっても大きなターニングポイントで、確実に自分の置かれている立場と責任が変わったことが明確になった年でした。それまでも徐々に大役をいただくようになっていましたが、歌舞伎界で確実に何かが変わったと認識したのは、一月の浅草からでした。もう一つ僕の中で大きな出来事だったのは、歌舞伎座で出し物（主役）をさせていただいたことです（二〇一五年十月歌舞伎座）。序幕に『音羽嶽《おとわがたけ》だんまり』（夜叉五郎）を勤めさせていただいたというのは、大きかったですね。

――浅草は浅草、歌舞伎座は、また格別なんですね。

■もちろん、浅草は若手公演ですから頑張るのは当然ですが、襲名披露でもない中で、歌舞伎座で出し物ができる人は、やはり限られてくる。嬉しいと同時に恐ろしかったです。それを目標としてやってきたのですが、色々考えるところがありました。

――あとは十二月の歌舞伎座ですね、二枚目の三役（『妹背山《いもせやま》』求女《もとめ》、『関の扉《せきのと》』宗貞《むねさだ》、『廿四孝《にじゅうしこう》』勝頼《かつより》）。大役ばかり。玉三郎さんと一緒だった。

■大きかった、というか、難しかったですね。歌舞伎座のこけら落としで、玉三郎さんの楽屋を（中村）獅童さんとご一緒させていただいて、「いつか何かを一緒にやろう」とおっしゃってくださいました。二〇一四年は『幻武蔵《まぼろしむさし》』（小刑部明神実は富姫《おさかべみょうじんじつはとみひめ》）に、獅童さんと抜擢していただいて、そして二〇一五年です。

――三役の中で厳しく指導されたのは？

■一番は、『関の扉』。宗貞は特に厳しくご指導いただきました。初日の稽古は全然進まなかったです。ひと言喋ることに、「お前、それはどういう気持ちで言っているのか」と。気持ちがまったく入っていないことをご指摘いただきました。

――自分でもその通りと思えましたか？

■足りなかったんですね、言われて納得できることばかりでした。古典というと型と思いがちですが、形も大事だがそこに気持ちが乗っていかないと本当の型にならない、もっと掘り下げていかないと成り立たないということを教えていただきました。

――宗貞は、小町（七之助）の相手役です。稽古が止まって、全員に迷惑がかかりますね。

■今はそういう場で恥をかいて体で覚えさせていただけるというのは、なかなかできないですから、教えていただいたことを、自分がどれだけ真摯に受け止めて吸収できるかにかかっているかと思います。良くしようと思っていなければそんなこと絶対におっしゃってくださらないので、そのお気持ちは本当に有り難いと思います。

「ここは国技館じゃない」

――二〇一五年は『エリザベート』（帝国劇場）のルキーニ（ミュージカルの語り部的存在）

も印象的でした。

■ええ、『あらしのよるに』（57頁参照）（九月京都南座）【ヤギのめい】もありましたし、濃い一年でした。

――こうして十年を駆け抜けてきましたが、批判する人もいると思います。噂が耳に、はいってくることもあるでしょう？

■最初から覚悟の上と言いますか、批判されても仕方がないと思いますし、何か一歩踏み出す時は、それを気にしていたら踏み出せない。世間の全員が同じ意見になることは絶対にないと思います。同じ芝居でも面白い、面白くないと意見が分かれて当然だと思うので、無視するわけではなく、聞き流すところは流し、聞くべきところは聞く、柔軟にと意識しています。無視は絶対にしちゃいけない。

――ルキーニも「ようやるわ」と思いましたが（笑）、大変だったのは？

■シリアスにやろうがコミカルにやろうが成り立ってしまうお役なので、方向性のつかみ方。あとストーリーテラーなので、自分のことは語らない。でも人物の背景が見えないと面白くないので、どういうバランスで出すかというのが難しかったです。

――お手本もないですからね。

■古典には基盤がありますが、それがないので歌舞伎とはひと味違った面白さと難しさで、悩みました。

――その入り口につながるのは、蜷川幸雄《にながわゆきお》（演出家）さんですね。

■そうです、『ボクの四谷怪談』という作品に抜擢していただいたことがなければ、今のように活動範囲は広がっていなかった。あの作品が多くの後の活動につながりました。あるテレビドラマも、『ボクの四谷怪談』を見て起用したいと思ったと監督さんにおっしゃっていただきましたし、『エリザベート』の小池（修一郎・演出家）さんも、あの舞台を見てオファーをくださった。あらゆる歯車が良い方向に回転していったのはあの作品からです、本当に蜷川さんにはいくら感謝してもし尽くせません。

――蜷川さんの思い出を。

■演出している中で、皆に厳しいことをおっしゃいますが、その中にある愛情ですね、それを現場で感じていると、この人のためにやろうという気持ちに自然となります。もちろん罵倒もされることもありますが（笑）。ですが喜ばせたい、見返してやりたいと思わせてくださる演出家でした。

――「やめちまえ」、とは言われませんでしたか？

■そこまでは言われませんでしたが、それなりにひどいことも言われました。当時少し太っていたので、「両国国技館に来ているんじゃないんだ、ちゃんと喋れ」とか（笑）。

――わあ、ぐさりと言われましたね（笑）。

■ご指導を受けた方はみんな、色々いわれるのですが、愛情があるので、なんとかしてあの人を喜ばせて、笑わせたいと思うので。最終的に出来上がる、その統率力の強さはすごいと思いました。

（平成二十八年五月二十日　於歌舞伎座楽屋）

意地と度胸

銀座の喫茶店で両親にはさまれケーキをほおばっている少年を見かけた。松助の息子・松也を意識した初めだった。

新派の役者で大好きだった春本泰男の孫、また、坂東しうか時代から見ていた大谷桂三の甥と認識するのはそのあとだが、以来、興味深く見守っていた。それは祖父、父、叔父のイメージとは違う女形路線と見えてもいたからだ。箏曲の山勢松韻師の地で『鐘の岬』を踊った女舞姿は、立役ブレイク前の貴重な思い出として目に残っている。

ボイストレーニングに通い、新しい可能性を模索していた時期もあったが、結果、射止めた『エリザベート』のルキーニ役は歌舞伎ではないが舞台度胸に目を見張った。これがミュージカル『狸御殿』(2016年8月) につながったといえよう。こうして多忙になっても、歌舞伎自主公演『挑む』を休むことなく、古典をベースに継続している。ここに男の意地を見る。

失礼ながら乱高下含みの未知数、しかし本書でとりあげる世代の先陣であることは間違いない。大看板のもとで経験を積み、時には座頭で胸を張り、若いからこそできる他流試合にものぞみ、そして再び修業の場で可能性を探る。これからの尾上松也が真に輝けば、歌舞伎の良きシステムが機能し続けている証になるだろう。

中村梅枝【なかむらばいし】

古風な色香の女形

萬屋（よろずや）。昭和62年11月22日生。中村時蔵の長男。弟は萬太郎（80頁）。平成3年6月歌舞伎座『人情裏長屋』の鶴之助で初お目見得。6年6月歌舞伎座〈四代目中村時蔵三十三回忌追善〉の『幡随長兵衛』の倅（せがれ）長松と『道行旅路の嫁入』の旅の若者で四代目中村梅枝を襲名し初舞台。平成7年11月国立劇場特別賞、17年10月、18年12月、22年1月、23年10月同奨励賞。21年3月、27年1・7月、28年6月同優秀賞。

役を通じて学ぶこと

――次々と大役が回ってきて大変でしょう。

■有り難いです。一月《ひとつき》のうちにおよそ三役で、そのうち一役は大きなお役ですから、うまく集中できるような環境には恵まれております。

――別の作品に同じ役で出る機会もありますね。

■歌舞伎座が新しくなってから、通しでやる機会も増えました。二〇一五年三月の『菅原《すがわら》伝授手習鑑《でんじゅてならいかがみ》』の通しでは、ふだんなかなか出ない『筆法伝授《ひっぽうでんじゅ》』【菅丞相《かんしょうじょう》＝菅原道真が破門した弟子・武部源蔵にだけ書道の極意を伝える場面】で、若手中心の公演にもかかわらず松嶋屋のおじさま（片岡仁左衛門）が菅丞相に出てくださって、戸浪《となみ》【源蔵の女房で菅丞相の子・菅秀才を夫と守る】をできたのもすごく嬉しかったです。また二〇一六年五月にも『寺子屋』の戸浪をやらせていただくのですが、『筆法伝授』をやらせていただいたことで、『寺子屋』の戸浪の人物像が自分の中で何か変わる気がしています。

――『筆法伝授』をやって、戸浪がどんな女だとわかったのですか？

▒うーん……、愛ですかね。菅丞相に対してもそうですし、特に、御台様《みだいさま》【菅丞相の妻】に対する思いが変わります。『寺子屋』では御台様は最後しか出てこない。でも『筆法伝授』では、会ってくれない菅丞相との名残を惜しませるため、御台様が一目会わせてくれる恩、さらに菅秀才を背負って、夫・源蔵と二人で逃げてゆくという幕外の場面もあって、この三人に対する愛が深くなると思います。『寺子屋』だけではわからないところが鮮明に見えて、得難い体験でした。

――義太夫狂言はやっぱり深い。

▒深いですね。いつの世も変わらないものが描かれていて、現代を生きる僕たちもすごく心が動かされる。深いです。

首根っこを掴まれて

――高校生までは、芝居に興味がなくて、見ても、これはどういう筋かとお父さん（中村時蔵）にはあまり聞かなかったとか？

■そうですね、その時の興味は、友だちと遊んだりするほうばかりでした（笑）。父も、家に芝居を持ち込む人ではありませんでしたし、すごく普通の家庭です。女形の父の素顔は現代人。ゴルフをしたり、ワインが好き。最近は陶芸にはまっているようです（笑）。

――ですが、子どもの頃から稽古だけはしていたのですか？

■はい、稽古事はずっとしていました。好きだったわけではないですが何故でしょう……。小学生の頃はわけもわからず無理矢理やらされていたのが、高校生になると、自分で考え出して、この振りの意味はとか、三味線でもこの音が来たら次はこの音とか、セオリーが自分の中でなんとなくわかるようになってきて、面白くなってきたんでしょうね。

――伝統芸能ってそうですね。好きも嫌いもなくやらされてきたことが、自分の中で形になっていく過程を知ったときの喜び。システムとしてうまくできています。

■だから親には、稽古事は行きなさいと口うるさく言われてきました。うるさかったです

（笑）。それは今思えばすごく有り難かった。一流の先生を両親が見つけてきてくれた。

――**誰が一番怖かった先生でしょう？**

■囃子《はやし》方の（田中）佐太郎先生です。初めは、佐太郎先生のご子息の（田中）傳左衛門《でんざえもん》先生に鼓を習い始めて、太鼓も習いたいとなった時に「うちの母はどう」と勧めてくださいました。傳左衛門先生も厳しかったですがお母様はさらに……。

――**あの方は息子さん三人と、人間国宝の夫（能楽の亀井忠雄さん）がいて。**

■ええ。小学生から始めて、それまではやさしい先生ばかりだったので。毎回緊張していました。でも、歌舞伎の公演があって忙しくても稽古をつけてくださって。今思うと稽古事、芸の厳しさ、目上の人に対する礼儀を教え込まれました。一般のお弟子さんも一緒に習っていましたが、明らかに我々に対しては厳しさが違う。歌舞伎役者になるであろう人は、間《ま》もそうだし、芝居で使う鳴物（お囃子）の音などがわかっていなければ駄目だという思いがあったんだと思います。

――**ほかのお師匠さんは、「時蔵さんの坊や」と。やさしいと思っていたら……。**

■違う世界があったと（笑）

――**小学生でスポーツも好きだし……、「脱走」しなかったのはどうして？**

■それは、うちの両親に首根っこを掴まれて稽古場に連れて行かれたからですね（笑）。反発はできませんでした。

——歌舞伎の家の長男だと意識したのは何歳くらいのことですか？

■小学校からずっと普通の家と違うとは思っていました。ただ歌舞伎をやるという意志はなかったし、親もやれとは言わなかった。いつからかというと、芝居に出るようになってからだと思います。高校卒業の頃です。

——道筋は付け、後の判断はお前に、という父の思い。よくそこまで我慢しましたね。

■ええ。父も、やはり出るからには中途半端は許さないという主義なので。

手も足も出ない……

——そして役がつき、始めは立役でした。

■高校一年生の時に『十六夜清心《いざよいせいしん》』（二〇〇四年一月歌舞伎座）の求女《もとめ》【寺小姓・恋塚求女は十六夜と心中したものの死に損なった清心から金を奪われ殺される、振袖姿の色若衆役】から始まって、そこからいくつか女形もやりました。

――舞台に興味はなく、内気だったのに、恥ずかしい、化粧がいやだということは？

■逆に、化粧して衣裳を着て舞台に出ると、内気な自分が忘れられるというのはありました。人前に出るのはいやだったです。でも、舞台に出ると忘れられる。

――「自分発見」ができたという青春時代ですね。そして、男一生の職業選択はいつ？

■高校卒業の頃ですね。本当に僕が恵まれていたと思うのは、ちょうどその時期に、若女形《わかおやま》がいなかったのです。僕に一番年が近い女形は、（四歳上の中村）七之助のにいさんで、（尾上）菊之助のにいさんも、もちろんですが、お二方とも芯《しん》を取る（主役級の役が付く）ようなお立場でしたから。その点、たとえば音羽屋のおじさま（尾上菊五郎）が『身替座禅《みがわりざぜん》』【狂言『花子《はなご》』を原作にした舞踊劇】をやるときの腰元役である千枝《ちえだ》・小枝《さえだ》クラスの女形をやる方がいなかったのです。そこにちょうど僕がぱっと入れた。

――十代です、やれと言われてもできない役があったでしょう？

■ありました、手も足も出ないような役。たとえば高校卒業したくらいの時の『おさん茂兵衛』【商家の女房が使用人と不義の疑いをかけられる姦通劇、二〇〇五年十一月歌舞伎座】の女中お玉の役ですね。

――たしか、お父さんが、おさんをやられて、茂兵衛が（中村）梅玉《ばいぎょく》さん。

■そうです。あれは本当に、手も足も出なかった。それまで二、三言くらいしか喋らない役が続いていたんです。九月は歌舞伎座で娘役、十月が国立劇場でのお姫様役。その次がお玉の役でした。毎日父に舞台で叱られ、楽屋で叱られ。僕はそれまで、自分は器用な方だと思っていたし、何でもできるというくらいの気持ちでいたんですが、それはけっこうショックといいますか、二十五日間やっても、何の手応えもなく過ぎていきました。

――上方の世話物《せわもの》です。お父さんのだめ出し、具体的には?

■役になりきれていないとか、そういうレベルではないんです。基本的なことがまったくできていないと。居所《いどころ》(立ち位置)から、セリフの息を吸う間。長セリフなんかで焦ってくると、どんどん、間がコケてしまうのです。稽古で合わせている時に父が横で、「はい、そこで息吸って」と言ってくれるのですが、言われるとまたどんどん焦ってしまって。

――まったく自信が持てなくなった十八、九歳の頃。まさに「大学入学試験」です。でも、教えてくれる人が家にいることは幸せですよ。

■本当にそうです。父はそういう人がいなくて色々な人に教えを請うていたので、僕はその有り難さを実感しています。

それじゃあ立女形《たておやま》になれない

――そんな苦しみの時期を経て、十年経ち、世代のかたまりをどこで切るかと考えたら、（尾上）松也さんと梅枝さんが、年長者になります。

■（笑）まったくそういう風に考えたことはなかったですけれど……、やっぱり歌舞伎は、世代がうまいことできている。僕の上の世代だったら、やはり七之助のにいさんまで。松也にいさんから下の世代と、七之助にいさんから（市川）染五郎にいさんくらいまでの世代は、一世代しか変わらないけれど、もう雲の上くらいレベルが違うんですよ。僕は女形で上の世代の方に相手役で使ってもらえるので、有り難いのですが、出れば出るほどレベルの差を突きつけられます。この間も、『音羽嶽《おとわがたけ》だんまり』【二〇一五年十月歌舞伎座、「だんまり」とは無言劇で、暗闇の中、役柄が違う大勢の出演者が宝物を奪い合う華やかな場面】を松也にいさん以下の世代が中心になって出たんですけれど、もう一世代上が演じたら、もっと面白いんだろうな、とどうしても思ってしまうんです。歯がゆさを。

――でも、その色を一度経験しておかないと、次の色は塗れない。

■もちろん、歌舞伎役者は家で稽古をしているだけではうまくなれませんから、板（舞台）

の上に乗って、回数こなしてなんぼです。僕は、たまたまこの世代の年長者なだけで、まだまだ、上の世代と肩を並べてというわけにはいきません。

音羽屋のおじさま（菊五郎）の芝居に出させていただくことが多いですが、おじさまは「あとは経験だよ」と言うくらいで細かくはおっしゃらない方です。松嶋屋のおじさま（仁左衛門）は、すごく細かく色々なことを教えてくださる。去年は初めて（坂東）玉三郎のおじさまに役を教えていただいて、『義経千本桜』の典侍《すけ》の局《つぼね》【安徳天皇を守る乳母的な存在だが、母、建礼門院に擬せられる大役】だったのですが、役のことだけでなく、女形としての基本的なことをものすごく詳しく教えていただいた。一緒に芝居に出たり、稽古をつけていただいたりしながら、先輩方の芸風の特色を感じ取ることができています。

――玉三郎さんは、いま指導者的な役割を果たされていますが、教わって心に残っていることは何でしょう？

■一番心に残っているのは、「セリフを言いながら手を動かしているようじゃ、立女形《たておやま》にはなれない」という言葉です。結局、小さくなってしまう、ということなんだな、と。でも、なんとなく手は動かしたくなってしまうものなんです。動かずにセリフを言うのはすごくしんどい。でも、それができないようじゃまだまだ、ということを教えていただいてから、どの役でも、無駄に動かないことを念頭に置いています。削って削って。一挙手一投足、ちゃんと自分の中で考えて、無駄な動きをしないようにということを考えるようになりました。

――玉三郎さんは、若い頃のお顔は、今と違う。綺麗だと言われますが、ご自身が努力して「作った顔」です。化粧も衣裳も帯の位置も、すべて計算した上で全身のバランスの美しさ。女形の造形美の典型です。

■鬘《かつら》の「くり」（額部分の生え際）の形ひとつで、全然印象が変わってしまう。楽屋の姿見とかで客観的に見てもなかなか気づけないんですけれど、幸いなことにブロマイドがあるので、写真を撮って見ると、それで気づくことがすごく多いんです。自分ではこういう形をしているつもりだったのに、なんか違う、とか。顔（化粧）もこういうつもりでしていたのに、全然違うと。そういう意味で、写真を撮ってもらえるのはすごく有り難い。

――化粧でも、細かく描く方とおおざっぱに描く方がいらっしゃる。おおざっぱというのは、客席から見える顔で、細かいというのは、自分で鏡を見て描いている顔。どちら？

■僕は細かくしちゃうんですよやっぱり。自分で顔をして、手鏡で変な顔だなと思ってしまうと、気分的に舞台に出るのがいやになってしまうんですよ（笑）。だから、姿見で姿を確認し、薄目でぼんやり、遠目から見たように見ることもしています。

女形と立役と

――割合としては、女形七で立役三くらいですか？

■九対一くらいで、女形ですかね。今年（二〇一六年）の一月に立役をやらせてもらって、本当に僕は立役ではないんだなと改めて思いました。

――立役で、はまった役は一つもなかったのでしょうか？

■ううん、ないなあ。『義経千本桜』の主馬《しゅめ》の小金吾《こきんご》【平家の若侍で、いがみの権太《ごんた》に騙され、源氏の侍と派手な立ち回りの末、命を落とす】を松嶋屋のおじさま（仁左衛門）の権太でさせていただいたのですが、あれは大変でした、刀なんて振り回したことないから（笑）。ただ、権太にだまされてお金をとられても御台様《みだいさま》【平維盛の妻】のために歯を食いしばって我慢しなきゃいけないというのは、どこか女形に似ているんです、我慢が。なので、気持ち的にはわかりやすかったですね。女形はそういう役が多いですから。

――堪え忍び尽くす女は、男から見て理想型の女ですが、それに共感できるのは何故？

■やはり、親に抑圧されて育ってきたからではないでしょうか（笑）。我慢してきたから。

――（笑）**自分のキャラクターにぴったり？　今年（二〇一六年）巡業の絶間《たえま》（雲の絶間姫、『鳴神《なるかみ》』）は初めての役です。**

■絶間は、父が大事にしている役で、父の絶間が好きなんです。ああいう絶間【鳴神上人《しょうにん》を色香で堕落させ、瀧に封じ込めた竜神を解放する大役】ができればいいなと思います。

――**この姫はまったく我慢しませんよ（笑）。**

■そこなんですよ。だから僕に「乗る」かどうか、すごく不安なんです。

――**お父さんが得意とする悪婆《あくば》【老人ではなく男勝りの伝法な役】や強い女性の役は？**

■父は絶間姫や『毛谷村《けやむら》』のお園【力持ちで剣術も強い】とか、『女伊達《おんなだて》』【女性の侠客】とか、男勝りの女武道をやらせれば、一番だと思っています。僕はそこが苦手なので、今後の課題です。

――**『新薄雪物語《しんうすゆきものがたり》』の薄雪姫（二〇一五年歌舞伎座）はどうでしたか？　姫の積極的な恋が、両家の父を死に追いやる役。大顔合わせの大作でした。**

■あの時は『花見』の場だけだったのですが、それ以後の場面を、（中村）児太郎と（中村）米吉というメンバーで薄雪姫がやれたというのは、夢のような話なのです。嬉しかったですね。

――話は変わりますが同世代は貴方のことをクールな梅枝さんと言っています。

■自分ではクールなんて思っていないんですけど（笑）、でも人を見て、何かを思う、考えることはすごく好きですね。

父として、兄として

――それはそうと、二〇一五年の秋に息子さんが生まれて、ジュニアにどういうプランを持っているのでしょうか？

■歌舞伎を嫌いにはなってほしくないですね。僕の商売なので。親同様、稽古事にはちゃんと行かせるつもりです。歌舞伎をやるやらないは本人次第ですから。やる気もないのにやらせてもしょうがないです。

――呼ばせ方は、お父さん？　パパ？

■「パパですよ」と言ってます。家に帰ると、面倒をみてあげるようにしています。ただ、家で稽古している暇がないので、朝早く、家族が寝ている間に、喫茶店で台本を読んでいます。

――同級生のお子さんは、どなたになるのかな？

■菊之助のにいさんの二人目の娘さんと、あと（坂東）亀寿《かめとし》のにいさんの娘さん。あと（中村）歌昇くんのところの息子さん。

――歌昇さんの息子さんとおたくのジュニアは、もしかしたら将来、それぞれの祖父の名、時蔵・又五郎という名前になっているかもしれません。面白いですね。

■ええ。二人とも、こんなに早く子どもができるとはという感じです。

――弟の萬太郎さんとは二歳違い。兄弟で稽古に行ったりして育ったのですか？

■そうですね。稽古は一緒によく行っていました。弟は何事にも不器用だと思っていたんですけれど（笑）この間、『車引《くるまびき》』（『菅原伝授手習鑑』、二〇一三年三月）の梅王丸を見たんですが、「大きくなったな、こんなこともできるようになったんだな」と思いました。

盗みたいほどの芝居心

――『あらしのよるに』【二〇一五年九月南座、絵本が原作でオオカミとヤギの世界を描く。

肉食獣と草食動物の間の友情がテーマ。中村獅童が座頭を勤め、梅枝はヤギの姫・みいを演じた】は、新作に取り組んだ、初めての機会ですよね。

■大変多くのお客様が足を運んでくださり、嬉しいと同時に驚きました。獅童のにいさんには、古典歌舞伎の赤姫の芝居でやってほしいと言われていたので、それだけ気をつけるようにしていました。獅童にいさんと松也にいさんがどう演じられても、古典技法の枠からは絶対にはみ出さないぞ、と思っていました【オオカミのがぶが獅童、ヤギのめいが松也。この二頭の出会いと友情の物語】。

――いわば歌舞伎のお姫様の役で三味線・お囃子も入っていました。古典の枠を守れるという自信がありましたか？

■絶対に踏み出さなかったですね。ただ、僕はそう思っていたけれど、父が見に来た時に、「別に、そこまでこだわることはないんじゃないの」と言われたんです。芝居全体が良ければと。

――これは獅童さんが長年温めていた作品です。

■それはもう、その熱意たるや、すごかったです。獅童さんはがぶになりきっていました。映像にも出られている先輩たちは、歌舞伎しか出ていない僕には思いつかないような芝居もされます。それも盗んでいきたいですね。

梅枝の夢

――いますぐにでもやりたいお役は？

■お初（『加賀見山旧錦絵《かがみやまこきょうのにしきえ》』）ですね。

――でも貴方は「尾上《おのえ》」の人でしょう？【尾上は耐え忍ぶ女。恥をかかされ自殺する。お初は、その腰元で、主人の敵討ちをする。武家屋敷の奥御殿で展開する女性版・忠臣蔵】

■今すぐならまずはお初かなと。父の尾上でやりたいです。この芝居は大好きなのです。

――お初はいい役です。では、じっくりやってみたい役は？

■玉手御前《たまてごぜん》【『摂州合邦辻《せっしゅうがっぽうがつじ》』、義理の息子を助けるため、偽りの恋をしかけ、毒酒の病を治すため命を捨てる】は、一度は挑んでみたいですね。父も、やりたいと言っています。

――上方系のものでは？

■女形でと考えると（中村）壱太郎くんもいるので遠慮がありますが、いずれ小春【『河庄《かわしょう》』、遊女・小春は妻子ある治兵衛《じへえ》との恋に苦悩し、心中を決意する】はやりたいですね。山城屋のおじさま（坂田藤十郎）の治兵衛、僕は大好きです。あの雰囲気がなんとも。

――小春の耐える役は魅力的でしょう。

■はい、やってみたいです。

――時蔵家は、義太夫物を得意とする芸風。本行《ほんぎょう》（原作の浄瑠璃）をぜひ学んで下さい。一番の力になりますから。

（平成二十八年三月十六日　於松竹本社会議室）

香り初めにし

古風な女形という表現がある。地味、古臭いではない。伝統演劇にふさわしい風情、容姿や、芸のありようを指す。梅枝は顔がまず古風だ。現代的な美男の祖父や父より曾祖父(三代目時蔵)に近い。面長で、独特の色気がある。ところが梅枝は自分に「花がない」という。「花」とはパッと見の存在感や、何気ない華やぎ、芸の輝きを指す。どうしてどうして、ほかの若手にはない味わい「古風さの花」を私は見る。もちろんつぼみだ。修練を重ね、馥郁《ふくいく》たる梅蕾を濃き紅と純白、薄紅に咲分けてほしい。

鏡台を「化粧前」という。いまは楽屋で守田勘彌《かんや》の化粧前を使用している。若い世代にはなじみがない名だが、坂東玉三郎の養父の「古風な」美男役者だ。妻は藤間勘紫恵《かんしえ》。宗家藤間流の重鎮だった。玉三郎の舞踊の腕はこの義母の教えの賜物である。梅枝の母は藤間あかし。勘紫恵の養女(姪)というつながり。亡くなった勘紫恵は時蔵の師でもある。その指導に少年期、梅枝は間に合った。玉三郎と父・時蔵と梅枝。三人の「母校」は一緒なのだ。

勘彌愛用の鏡の中に、いつか大輪の花が開いて浮かび上がる季《とき》、再び本書を開きたい。

中村歌昇【なかむら　かしょう】

播磨屋ひとすじの昇り龍

播磨屋（はりまや）。平成元年5月6日生まれ。中村又五郎の長男。弟は種之助（188頁）。6年6月歌舞伎座〈四代目中村時蔵三十三回忌追善〉の『道行旅路の嫁入』の旅の若者で四代目中村種太郎を名のり初舞台。23年9月新橋演舞場『舌出三番叟』の千歳ほかで四代目中村歌昇を襲名。10年10月、13年1月、19年12月国立劇場特別賞。18年10月、20年3月、24年12月同奨励賞。

中学三年で、すべてを決断

――歌舞伎俳優の家の長男だということに気づくのは、いつ頃ですか？

■高校生くらいですね。ただ子どもの頃、お客様が兄弟にプレゼントをくださるとき、青と緑色のものをくださるのです。でも二人とも青がいい、お兄ちゃんだから弟（種之助）に譲りなさいということもあって、長男は損だと思いました（笑）。そのかわり、幸い歌舞伎の世界に生まれ、兄弟関係なく芸の道を行くというそういう道もあるし、魅力的と思い始めたのは、高校生の頃でした。

――長男だから、弟さん（種之助）と違って、一年に一回は、子役として出ていましたね。

■はい、おもちゃにつられて（笑）。大きい子役もたくさん、『盛綱陣屋《もりつなじんや》』の小四郎【父のために切腹する少年】や『奥州《おうしゅう》安達原《あだちがはら》』のお君《きみ》【雪中、盲目の母を介抱する少女】を播磨屋のおじさん（中村吉右衛門）にやらせていただいて。

――スポーツが大好きだったとか？

■幼稚園からサッカー、中学校は三年間バレーボールを。全国大会まであと一勝のところまで行ったんです。それで高校の進路を悩みました。高校生になったら聖地の代々木体育館でバレーをやりたいと、甲子園をめざす高校球児のように思っていました。それで、バレーの強い学校を受験するか、歌舞伎か、中高一貫校の私立に通っていたので進学か、三つの選択肢。最後の最後、入学願書の提出直前に、堀越に行こうと決断しました。

――十五歳の判断。

■考えましたね。同期の（坂東）巳之助くんとか、少し上だと（中村）梅枝さんが歌舞伎に出ていたのは知っていましたし、若いうちにどれだけやっておくかというのは大事だと先輩から聞いてはいましたが、自分は中学時代、何もしてきていない。後々になって重くのしかかってくると思ったので、将来、歌舞伎をやっていくのであれば、三年間を取り戻すために、歌舞伎ができる環境の学校に行こうと決めたんです。同世代にだけは負けたくない、という思いはありました。中学三年の時に、すべての決断をしましたね。

――お父さんには相談しなかった？

■しません。ただ堀越に行くと決めたときに、これからは歌舞伎一本でやりたいということは伝えましたね。両親はびっくりしていました。せっかく一貫校に入ったのに、何故今さら堀越？　と思ったとは思うんです。でも舵《かじ》を切るなら一気に切らないと、と思って。でも中学時代、歌舞伎のことを考えずにやってきたことは、決してマイナスではない、とは思っています。部活動を通じて得るものはすごく大きくて、チームプレーなので、仲間があって自分がある、周りがいることの有り難さや、協力が大事だということを勉強できましたし、努力の形が、絶対結果に出てしまうということも学べました。

振り返りたくない一年

――大役は、やはり二〇一五年あたりから？

■でも不完全燃焼でした。浅草や三月も、大きいお役をやらせていただいたんですが、自分では、結局何も残せなかったと思っていますね……。できない自分がいたのがすごく悔しいという一年でした。

——これはと思っていた役なのに、手応えが弱かったのはどれですか？

■日本駄右衛門《だえもん》（盗賊の頭領。『白浪五人男《しらなみごにんおとこ》』、二〇一五年三月南座）。役の大きさというものはなかなか出せない、お客様に、今後この人はこういう役をやることになるかもしれない、という片鱗を見せないといけなかったのができていなかったし、『矢の根』（曽我五郎が兄を助けにゆく荒事。二〇一五年三月南座）も大蔵卿《おおくらきょう》（打倒平家の志を隠して、作り阿呆で生きる公家。『一條大蔵譚《いちじょうおおくらものがたり》』、二〇一五年一月浅草公会堂）も、のちにこの人のものになっていくんだというものを残せなかったなと。だから、この一年、振り返りたくない（笑）。

——わかりました、やめましょう。

■いえ、いいんです、振り返らないことには成長はないですから（笑）。

——結果はそうでも、やりたかった役でしょう？

■ええ、大蔵卿は、すごく嬉しかったです。以前一回勤めさせていただいて、播磨屋のおじさんにすごく丁寧に教えていただいて、それを本公演でやらせていただけるという有り難さはありました。

――吉右衛門さんから直接教わることができて、洗い直せたわけですね？

■洗い直せました。ただ、セリフが義太夫物《ぎだゆうもの》（人形浄瑠璃が原作）ですので、義太夫さんの三味線や語り、世界観と合致しないといけないわけで、それに自分の心もかみ合っていかないといけない。自分の考えではなく、おじさんが教えてくださったことを表現できればよかったのですが、そこまでに達せなかったというのが悔しかったですね。

――肝心の吉右衛門さんからのだめ出しは？

■お稽古と、ビデオでも見てもらいまして、やはりご注意をいただくと、本当に、こんなことまで考えておられるのか、ということに気づくわけです。たとえば、ぶっかえる（衣裳を瞬間に変化させ、本心を明かす演出）前の、階段を後ろ向きでぽんぽんと下がるところ、そういうところでも、大蔵卿という人物の柔らかみや公家らしさを出さないといけないのに、荒いんです。結局、やれない自分が駄目なだけで。

――公家、貴族のおおらかさかな？

■準備が大事。参考になるなと思ったのは、世界は違いますがイチローはすごく準備を大事にする、早くにスタジアムに入って同じルーティーンをこなすという話を聞きました。それはとても大事なことで、僕らで言えば、おじさんがやってきた音源（舞台録音）などを毎日のように聞かなければいけない。初日を迎えるまでの準備が足りていないんです。それに加えて力不足。それを思い知らされた一年ですね。

一二〇パーセントの力み

――勉強会（第一回双蝶会《そうちょうかい》・二〇一五年）での『毛谷村《けやむら》』【剣術の達人で、好人物の六助】は、自分で希望したのですか？

■はい、舞台に上がると一二〇パーセントを出そうと、力んでしまう。六助はその力みを出しちゃいけない、柔らかみがなければならない役です。最後は義太夫に乗って猛々しい部分も出ますが、前半の朴訥《ぼくとつ》とした若者という、やさしさや包容力を表現しなければいけないのが、自分に足りない部分だと思いました。また、六助というキャラクター自体もほかの作品にはないユニークな役です。それで、やりたいと。

――播磨屋のだめ出しはどうでしたか？

■もう、有り難いくらいおっしゃってくださって、「顔で表現しているようでは駄目」とか、「オーバーリアクションになって、必要でないことをやってしまう。そういうところをどんどん削いでいきなさい」と。どうしても癖が出てしまうので、「無くしなさい」と。

——逆に褒められたことは？

■ないですよ（笑）。たぶん一生ないと思います。

——でも、やって良かった？

■自分の中でやっと少し、（肩の力を）抜いた感じでできるようになったという感覚はありました。それ以外は、まだまだです。舞台稽古を含めれば四回。不思議なもので、疲れれば疲れるほど、どんどん余計な力が抜けていくんです、あとのほうが、出来が良かったような気がします。

——お相手【許嫁・お園】は、なんと梅枝さんではなく、中村雀右衛門《じゃくえもん》（芝雀《しばじゃく》）さんと。

■そうです、そして微塵弾正《みじんだんじょう》【恩師の仇敵】も（尾上）松緑のにいさん。有り難かったです。

——雀右衛門さんのお園というのは、見ていてどうですか？

■十九歳の時に、『葛の葉《くずのは》』【狐が葛の葉姫に化けて安倍保名《あべのやすな》と夫婦になる】で保名でした。夫婦の感覚がどこかに残っていたので、懐かしいと思い出す部分もありました。

——松緑さんも協力してくれました。

■高校に入って、『車引《くるまびき》』【『菅原伝授手習鑑《すがわらでんじゅてならいかがみ》』、三つ子の兄弟の物語】の杉王丸《すぎおうまる》【松王丸の仲間】をやらせていただいた時に松緑のにいさんが梅王《うめおう》【松王丸の兄弟】、その時から可愛がってもらって。プライベートで飲みに連れて行ってもらったりとか、外の世界のことは、松緑さんに教えてもらったような気がします。

――兄貴のような関係。ほかには？

■二〇一六年は（市川）染五郎のにいさんと、ラスベガス（五月）から歌舞伎座（六月）、巡業（七月）とご一緒なので、すごく良くしていただいて。巡業は『松浦の太鼓』【赤穂浪士に心を寄せる吉良家の隣人・松浦鎮信《まつうらしずのぶ》】で、にいさんが松浦侯、僕が大高源吾【浪士で俳人】です。大好きなお芝居。

――これぞ播磨屋の芝居ですよね（初代吉右衛門が得意にした）。

■話としてもわかりやすいし、キャラクターとしても、松浦侯は素敵だなと思っています。

――「明日《あした》待たるる　その宝船」【宗匠・其角が「年の瀬や　水の流れと　人の身は」と発句で呼びかけ、源吾は付け句をする】と応じるところ、いいですね。

■急に浮かんでそんな素敵な、意味のありげな句を詠める源吾。それを花道の七三（芝居心いっぱいに演じる場所）で表現するのは難しいけれど、成果を出したいと思います。

こいつ、すごいと思わせなくては

——染五郎さんと新しい芝居作りもされている（二〇一六年四月歌舞伎座『幻想神空海』で白楽天《はくらくてん》役）。新作に対しては、どう思っていますか。

■基本的に絶対ゆらいではいけないのは、古典、義太夫ものを大切にするということです。身についていないと歌舞伎にはならない、そこから色々な物を発信していく。進化を怖れてはいけませんが、その過程で、古典ができなければ、やってはいけないとは自分で思っています。でも、もちろん、やりたいものは目白押しです。

——たとえば？

■山本周五郎が好きで、『樅ノ木《もみのき》は残った』【伊達騒動の物語】。これは人間模様が緻密で、出てくる人物の感情表現の深さがすごい小説です。でも長いので、『さぶ』【お人よしのさぶと人間不信の栄二の友情譚】がやりたいです。僕はさぶで、相手はできたら染五郎にいさんに出ていただけたらと思います。

——歌舞伎でやりたいですね。

■世話物《せわもの》に近い形でやりたいです。

――山本周五郎といえば、（坂東）三津五郎さんがやっている。

■『泥棒と若殿』ですね。あれもいいんですよ。三津五郎のおじさんと松緑さんがやられていて、巳之助くんと二人で、「いつか僕たちでやりたいね」と話しています。

――巳之助さんと（中村）萬太郎さん、二人と同い年。役も被《かぶ》りますね。女形でもないし。

■とても被ります。ただ、二人は有り難い存在で、何でも話せますし、あとは二つ年上ですが、梅枝さんの存在も大きいです。

――共演もできるわけですしね。

■ええ、二〇一六年の勉強会にも出てくれますし。昔から仲が良いです。千代【『寺子屋』菅原道真の子を守る源蔵の妻】で、はじめて夫婦役をやらせてもらいます。ずっと梅枝さんの存在が大きかったんで。上手《うま》いなあとずっと思っていましたし。

――この世代は、層が厚くて良いですよね。

■上の世代も多く、それぞれ個性がすごい方々がいっぱいいるじゃないですか。頑張らないと潰されてしまいます（笑）。先輩に「こいつ、すごいな」と思われるような役者になりたいです。

播磨屋から吸収

――切実に考えているのは播磨屋の芸？

■播磨屋のおじさんのものを遺したいという思いがすごく強い。自分たちが四十、五十になったときに、おじさんの芝居の良さを遺したいんです。いつも考えています。日本人らしい奥ゆかしさ、切実に胸に迫ってくる感動のさせ方、古典の良さですね。

――二〇一六年の双蝶会では『車引』と『寺子屋』です。

■兄弟でできるものというのが今回のコンセプトで、演目を持ってきたのは弟（種之助）です。『車引』で本当は梅王をやりたいんですが弟にまかせ、松王に【菅原道真《すがわらのみちざね》のためにわが子を犠牲にする】。松王は難しいと思います。大きさが必要で、今の自分には勉強になる役だと思います。父親になったことが、今回の『寺子屋』に生きる可能性はあるかもしれないと思っています。自分の子を犠牲にして、差し出す感覚は。

――それこそ力一杯の演技だけではできない。

■できないです。一歩引いて自分を観なければいけないので。

――力一杯と言えば、『石切梶原《いしきりかじわら》』（二〇一六年一月歌舞伎座）の俣野《またの》五郎【敵役】はとて

も良かったと思うのですが、駄目でしたか？

■俣野は、父のイメージが強すぎて。千回くらいやっていますから、俣野といえばうちの親父というくらいで、映像を見なくても声姿がすぐに頭の中で再現できるんです（笑）。それを播磨屋のおじさんの形に変換していかないといけないんです。おじさんはこういう風にやっていたと。だから追い求めて、追い求めてという感じでした。

――でも、燃焼したでしょう？　その前年の大蔵卿に比べたら。

■いや、本当に怖いことを言いますね（笑）。そういう役だからこそ、燃焼できるという面は、確かにあるんです。自分の中でやりきれちゃうから。でもそれじゃまだ駄目です。

――女形はやりましたか？

■やっていないです。ただ、勉強会でやってみたいのは、『奥州《おうしゅう》安《あ》達原《だちがはら》』【安倍一族反乱の物語】の袖萩《そではぎ》【安倍宗任《むねとう》の妻で盲目】です。そしてそこから安倍貞任《さだとう》【宗任《むねとう》の兄】に変わるところ。それを播磨屋のおじさんがなさっていて、その時にお君《きみ》【袖萩の娘】で出させていただいた。その頃からずっとやってみたいと思っていました。そのためには女形も日頃から見ておかなければならないなと。その意味では、一月（二〇一六年）に『茨木』【鬼女・茨木童子の舞踊劇】に出させてもらったのは大きいですね。（坂東）玉三郎のおじさまに、能の足の運び、声の出し方などを教えていただきました。

父子三代

――お子さんは綜真《そうま》くんです。

■おじいさん（父）に、そっくりです、寝ている姿なんて（笑）。

――又五郎さんが抱いている写真、見ました。

■少しは孝行できたかなと。

――でも少年時代、あまり反抗しなかったんですよね。

■弟が存分に反抗していました。ひどかったです、高校くらいの頃、口聞いていなかった。僕はそれを見てそわそわ。

――お父さんは怒らない。

■自分の父親ながら良くできた人だと。朝から子どものお弁当を作るのですよ。

――以前私が担当したテレビ「男の料理」でおっしゃっていました。本当だったんだ。

■朝の六時くらいから作っていました。

役者をやめちまえ

——吉右衛門さんの指導の中で、一番怒られたことで、これは大切だから覚えておこうというものは?

▩たくさんあります(笑)。たとえば、『勧進帳《かんじんちょう》』の四天王(義経の家来)で、大人の役者として初めて出させていただいた時に、播磨屋のおじさんが弁慶だったのですが、花道でのセリフが、中日《なかび》くらいに出てこなくなっちゃって、引っ込んだあと、おじさんに、「馬鹿野郎!」とすごい勢いで怒られて。

——弁慶が怒った!

▩おじさんが疲れて帰ってきたところを、全員で待っていて「ありがとうございました」と言うんですが、真っ先に、「お前、役者やめちまえ」と言われて。その言葉は、ずっと残っています。その真意がわかったのは知盛《とももり》【平家の武将】を拝見したときです。『大物浦《だいもつのうら》』の最後をなさっていた【身体に碇《いかり》を巻きつけ後ろ向きに投身自殺する】。断崖から落ちるところは、危険です。落ち方が悪いと命に関わるということをおじさんは言われていて、「命がけでやっているんだよ、どんな役でもそのつもりでやりなさい、生半可な気持ちで芝居に出てはいけない」と。

――舞台は真剣勝負。

■それくらい懸けなきゃいけないんだなと、「それでお客様に伝わるものがある。それは力みとは違う。ありとあらゆることに気を遣って、命がけでやるのだ」と。あとは、「自分の癖をなくせ。フラットな状態で教わりなさい」ということも言われます。

――なくて七癖、どんな癖がありますか？

■変なところでセリフを繰《く》る（抑揚をつける）ことがあります。おじさんは、最初は棒《ぼう》で良いから、セリフをまっすぐ言いなさいと言われます。聞きかじっただけでやると、癖がついてしまう。それをなくさなくてはいけない。自分の耳と言葉の連結ができていないので、耳をよくしなきゃいけない。たとえばここは張って、ここは上げ下げしてというのを、わかるようにならなければ。あと、顔で芝居をする癖があるので、眉で顔をしかめたり。

――ああ、楽なんですよね。

■そうです。自分の気持ちが出来上がって出る表現ならいいんですが、小手先だけで、顔を作ったりすることは違うとすごく言ってくださる。難しいです。

――忘れられないということはとても良いことです、四天王の同じ役が来たらまた思い出

しますよね。

■トラウマですが、大事なことです。その頃からノートをずっと付けてきていて、それは、なんとかほかの人に追いつくには、人から教わったことを頭に残すだけじゃなく書いて残そうと思って続けてきたんで、今になって読み返したりすると、こんなしょうもないことで怒られていたんだと思うこともあるし、改めて思い出したりということもあり、勉強になっています。

「中村歌昇」そして自分

――「双蝶会」では、種之助さんが『船弁慶《ふなべんけい》』を踊ってしまいましたね。

■『船弁慶』は弟がやると言ったとき、やられたと思いました。ただ、勉強会なんで、今度自分が出せばいいと思っていますが。踊りたいものはたくさんあって、それこそ若手の会で、『奴道成寺』をやらせていただいたのですが、もう一度やりたいです。あと『うかれ坊主』、『保名』。少しおかしみのある役もやりたいです。

――『保名』ね。二の線をもっと。

■『保名』はやっぱりやってみたいと思います。本当に素敵なものですよね、風情があって。理想ですが、そこに誰かがいるというところまで見せられるようになればと思います。

――今日の話が活字になって残るわけですが、どう思いますか？　二十七歳の記録。

■嬉しいです、有り難いことと思います。「中村歌昇」っていうのは、自分じゃないんですよ。ほかの人からこう見られたい、こうじゃなきゃいけないということが先行してしまうんです。今の自分を語るにあたって、きっと、まだ言いたいことを、隠していたんだろうなと後になってまた思えると思います。

――読み返す楽しみと、反省を味わってください。ありがとうございます。

（平成二十八年四月十八日　於松竹本社会議室）

全力投球の若播磨

スーツブランドの5人組。新聞の全面広告やＣＭ映像で印象的だ。愛之助、松也、壱太郎、隼人と半年ごとに6シリーズも続いている。特に歌昇は襲名直後からの新たな仕事だった。笑わず、わざと強いカメラ目線でポーズをとる。最初は5人での撮影だった。今は全員が一度に揃うことはない。それぞれが活躍しているからだ。ＣＭに出てきた3年は、各人急成長の歳月といえるだろう。

長男としての自覚は、本書にある「中3の決断」から揺らいでいない。師・吉右衛門と父・又五郎の生き方を見続けてきたからだ。ある意味で歌舞伎の王道を歩むべく、自分を追い込んでいる。播磨屋は、初代吉右衛門が大きくし、二代目がさらに輝かしい屋号にした。その家名に連なる同世代は、米吉、種之助と3人のみ。立役の年長としての自覚は「播磨屋の名を汚してはいけない」と繰り返し口にすることだ。その愚直なまでのストイックな姿勢に加えて、同世代でいち早く家庭を持ち息子を授かった幸いから、心のゆとりも出、シャープな中に丸みを帯びた芸が期待できるかもしれない。

気持ちの良い全力投球の季節を味わいたい。

中村萬太郎【なかむら まんたろう】

着実に階段を上がる若武者

萬屋（よろずや）。平成元年5月12日生。中村時蔵の次男。兄は梅枝（44頁）。平成6年6月歌舞伎座〈四代目中村時蔵三十三回忌追善〉の『道行旅路の嫁入』の旅の若者にて初代中村萬太郎を名のり初舞台。平成25年1・7月、26年3月、27年7月国立劇場奨励賞。

中村萬太郎は初代

——初代の萬太郎です。「萬屋《よろずや》の親分」、ということですか？

■実際そうなのかはわかりませんが、父（時蔵）が付けてくれました。萬屋自体が新しい屋号で、名前もあまりないですから、本名でいくか、新しい名を作るかでした。

——その名を大きくするもしないも、貴方次第です。立役志向は自分から？

■まあ、半々ですかね。僕自身、立役をやりたいという思いはありますし、父からは「女形は無理だ」と言われました。ひとことで言うと、女形は大変。堪えなきゃいけない、

――女形はあくまでも主役を立てる。

■『熊谷陣屋《くまがいじんや》』【妻・相模《さがみ》や母・藤の方】でも『実盛《さねもり》物語』【葵御前】でも、序盤であれだけ仕事（演技をする場）があるのに【女形が前半活躍】、最後引っ込むわけでもなく、舞台でずっと座っていなきゃいけない。僕は気が短いといいますか、集中力がなく短距離型なので、じっと堪えるのは無理だと。

――お兄さんは長男ですから必然的にですが、職業として歌舞伎を選んだのは何故？

■物心つく前から踊りの稽古はしていましたし、楽屋に遊びに行ったり、初日には父の芝居を見たりして、環境ですかね、自然と歌舞伎をやるようになりました。よく聞かれるんですが、いやになったりする時期もなく、ここまで来てしまった。今はこの仕事をやる以外のことは考えない。迷いはないですね。

照明室が学校

――二〇一五年からの活動を見ると、理想的に役がついていますか？

■とても有り難いお役を勉強させていただいているなと感じています。僕よりもずっと若い時に出し物をした（主役級の役を演じる）先輩方も大勢いらっしゃいますけれど、僕はそういう人間ではないと自分で思っているんです。卑屈になっているのではなく、たとえば『忠臣蔵』では一番最初に『四段目』【判官《はんがん》切腹の場面】の諸士《しょし》【塩谷家の一般家臣】と、『十一段目』【討ち入りの場面】の浪士《ろうし》をやらせていただいて、次に出た時に、諸士と『七段目』【由良之助《ゆらのすけ》遊興の茶屋場】の三人侍【血気にはやって由良之助に詰め寄る】と竹森喜多八《きたはち》をやらせていただいたんです。

——名前のある役へ出世？

■はい。徐々に階段を上がるように役をつけさせてもらっているので、すごく励みになりますし、いきなり大きい役をつけられても、自分がそれを受け止めきれるかということもありますし。要領が良くないので、時間はかかりますが、ゆっくりゆっくり、自分の器を広げていき、そういう役からと考えています。だから今何の役をと聞かれたら、『忠臣蔵』なら『六段目』の千崎弥五郎《せんざきやごろう》【主役の早野勘平《はやのかんぺい》に意見をする二人侍のひとり】。さすがに次というのは早いですが、いずれは、そこから上の役をねらっていく考えです。

——自分が出ていない場面の芝居を見ますか？

■色々視点を変えています。上手下手《かみてしもて》、照明室（二階）、あと揚幕《あげまく》（花道の登場口）です。

――どこが勉強になりますか？

■新しい歌舞伎座になって、上手《かみて》の（舞台に向かって右上にある）照明室から見ることができるようになって、花道も見えるようになった。前は下手《しもて》の照明室しか上がることができなくて、しかも狭かった。そこが広くなったので穴場です。

――いい学校ですね。

■僕にとって劇場の良し悪しは、芝居の見やすさで変わってくるので。国立劇場も良いんですよ、幕だまり（舞台の袖）が広くて。あとは平成中村座なんかも、楽屋と舞台との距離が近いんです。

――誰に習うかはお父さんに相談を？

■はい、まずは父に相談して、あと多いのは、（市川）團蔵《だんぞう》のおじさまですね。色々な役をされているし、（菊五郎）劇団の芝居に出るときには、すべての役を網羅されていらっしゃいますし。聞けば答えてくださる。

――南座の二〇一五年九月は『あらしのよるに』（57頁）。新しいものを共に作る機会は？

■お正月の復活もの、劇団でいつもやっているその経験は大きいと思います。『雪之丞変化』（同年四月中日劇場、市川猿之助が座頭）も新しい芝居でしたし。

――猿之助さんの間近でどんな影響を受けましたか？

■お客様の心をくすぐる天才だなと思いました。ちょっとしたことで、お客様との距離感の取り方が違ったり、その日の反応によって変えてみたり。そういう接し方は、普段の芝居ではお目にかかれないので、新しい境地でした。

――『あらしのよるに』も、役者の個性が生きるということを体験したわけですね。

■ただ普段の取り組みで、僕は自分を出すのが好きではないんです。我《が》を出すと他人様《ひとさま》の意見が耳に入らなくなってきますし、僕の考えなんか及ばないという思いもあります。習ったことを百パーセント出せてから、という意識があるので、「はい自分を出してください」となると、困るところがあります。引き出しの中を漁って、おっとっとという風に。

これで一生やってゆくんだ

――新しい歌舞伎座ができて、『供奴《ともやっこ》』【主人のお供。肉体駆使の舞踊】を踊りました。

■ええ、子ども歌舞伎です（歌舞伎座で本公演中、若手が活躍する一日だけの舞台）。

――その話が来た時は？

■来たな！　と思いました。二週間前くらいに言われて、やりたかったし、『供奴』だったらいつ言われても、というくらい子どもの頃から大好きでしたから。

――ほおお、すごい自信！　歌舞伎座で、主役。

■一回ですから思い切り悔いを残さずやってやろうという、発散するような踊りです。嬉しかった、ついに踊らせてもらえるんだ、という。

――名もない役もあれば、いきなりの大役もある。一生の仕事にしようと思ったターニングポイントはいつでしょう？

■一番最初は、『船弁慶《ふなべんけい》』の舟子《ふなこ》【義経が嵐の船上で知盛の亡霊に襲われる。その舟を漕ぐ三人のひとり】を勤めた時ですね。中学生は声替わりで、ブランクでしたが、舟子に出させていただいて、周りの反応が違うんですね、もう坊ちゃんじゃない、一人の大人として扱ってもらうわけですから、その時に、これで一生やっていくんだと思いました。

――プロの世界に足を踏み入れた時。役者・萬太郎として参加した。

■それと大阪の平成中村座に出させていただいて、三つのお役のどれも大きかったのですが、やはり一番は丹波少将成経《たんばしょうしょうなりつね》【俊寛と共に島流しになった康頼《やすより》と成経】。

――『俊寛《しゅんかん》』（二〇一〇年十月）ですね。

■はい。中村屋のおじさま（勘三郎）の俊寛です。

――お元気だった頃だ。大役です。

■はい。いきなりでしたね。中村屋のおじさまと出たこともありませんでしたし、『俊寛』に出るとも思っていなくて、僕の中では大きすぎる役、半年前から言われたんですよ、もうドキドキしてしまって。そのほかにも『弁天小僧《べんてんこぞう》』の赤星十三郎《あかほしじゅうざぶろう》【『白浪五人男《しらなみごにんおとこ》』のひとりで色若衆《いろわかしゅ》】と『熊谷陣屋』の堤軍次《つつみのぐんじ》【熊谷直実の家臣】を。

――すごい、全部重い役。

■今までそんなにセリフを喋る役で出たこともないのに、頭の中はパニックで、話をいただいた日は、寝られないくらいでした。しかも、父も兄も名古屋でいない、僕だけ大阪。でも、おじさまには良くしていただいて。不安が顔に如実に出ていたんでしょうね（笑）。

――で、勘三郎さんはなんと？

■「いいんだよ、いいんだよ」と。おかしなことがあれば言ってもらえましたが、「気にしなくていいんだよ」と、全然怒られることもなく。大きく受けとめてくださったので、その時の少将は忘れられないです。おじさまの目を見て芝居をするとセリフが出てくる、導いてくださる感じがあるのです。そういう経験でした。

――目を見ることで、心が通うと中村富十郎さんもおっしゃっていました。

■涙が出てくるし、悲しくなる、つらくなる。そういうふうにおじさまが引き出してくれた。こういう経験は同年代の人とはできません。貴重な経験でしたし、この恩に報いなきゃと思いました。大きなターニングポイントです。

――何歳？

■二十一歳です。何で僕だったのかって、おじさまに聞きたかったですね。

――勘三郎さんは、お父さんと同い年で息子がいる。父親としてわかり合えたのかも。

■『め組の喧嘩』。それが最後になってしまった。これからもあると思っていました。

「なまってきましたな」

――本当に良い経験だったと思うのは、二〇一五年の三五郎《さんごろう》（『河庄《かわしょう》』、心中天網島《しんじゅうてんのあみじま》・治兵衛《じへえ》の店の奉公人）です。上方のお芝居です。

■丁稚《でっち》のですね。二回目だったのですが、実は僕、ああいう芝居が好きなのです。

――「おばはん」と言いつつ小春にお小遣いをねだって。笑いを取りますね。

■芝居全体は悲劇で辛いじゃないですか。要約してしまえば数行で終わるような話を、あれだけ膨らませている。それも芸の一つで、だからこそ三五郎は、悲劇を考えさせないよう、お客様を温めるという大きな役割です。「芝居ごころ」を試される役でした。

――誰に教わったんですか。

■（中村）寿治郎《じゅうじろう》さん（坂田藤十郎門下のベテラン）です。

――駄目は出ませんでしたか？

■出ました。気づいたことがあったらお願いしますとお伝えして稽古を見てもらって、二回目のお役だったこともあって基本的には「大丈夫ですよ」とおっしゃってくださっていたのですが、中日《なかび》を過ぎたあたりから、「またちょっとなまってきましたな」と。

――大阪弁になっていないということですね。

■究極、「上方の言葉は棒に言うんだよ（フラットに発音する）」と言われるのですが、何をもって「棒」と言うのか、よくわからなくなってくるんです。

――なまるって言い方が面白い。東京弁になることを、「なまる」というんですね。

■自分が意識していないセリフで、どんどんそうなってしまう。

――慣れた頃が怖いです。

■怖いですよね。普段口にしていない言葉ですから。言ってくださる方がいるというのは大きいですよね。二回目だといってもまだ全然。慣れた顔してやっていてはいけない。

――でも、柄に合っていて、好きだと言える芝居が見つかったのは良いことですね。

■そうですね、江戸の人間ですからと突っぱねるのではなくて、どんなことでも飛び込んでいって、道を切り開いていかなければと思います。

目玉を顔の中心に置く

――両親からの厳しいだめ出しは？

■二〇一五年は、斎世親王《ときよしんのう》【『菅原伝授手習鑑《すがわらでんじゅてならいかがみ》』の『加茂堤《かもづつみ》』。帝の弟で苅屋姫《かりやひめ》と密会】と義経【『義経千本桜』の『渡海屋《とかいや》』『大物浦《だいもつのうら》』】ですかね。

――斎世親王と菅丞相の娘・苅屋姫との恋が悲劇の発端です。何がいけないと？

■究極、斎世親王じゃない、と言われました。格と位のあるお役、これが僕の課題です。動いている役のほうが性に合っているというのでしょうか。

――義経は？　やりたかった役でしょう？

■なんだか苦手《にがて》になってしまいました。『渡海屋』の義経は高砂屋《たかさごや》のおじさま（中村梅玉《ばいぎょく》）に習ったのですけれど、結局、仕事（とりたてて演技をする場）がないんです。

――存在そのものが義経。まさに梅玉さん。

■できる人にとっては苦にもならないことでしょうけれど。一通り教わるじゃないですか、こうやって、ああやってと。でも、「じゃあ、あとは義経」で終わってしまうんです。

――そうか、見てもわからない？

■わからないです。そう、思い出しました、お酌の場面で、相手の為に少し盃を差し出したんです。それをやったら、それは義経じゃないよ、と言われました。

――普通は盃を出しますが、「プリンス」だから無視するわけですね。

■はい、あと、お柳《りゅう》（銀平女房《ぎんぺいにょうぼう》）の世間話をそんなに聞いてもいけないと。見るでもなく見ないでもなく、ただ目玉は顔の中心に置いておけと言われました。

――存在だけで、物語には参加してこない。

■考え過ぎちゃ駄目。義経らしくあろうとすればするほど、遠ざかってしまうので、開き直って、俺は義経なんだと思う気概が大事だと教わりました。

やりたかった、嬉しかった

――二〇一五年の全国巡業は（尾上）菊之助さん初役の『魚屋宗五郎《さかなやそうごろう》』で宗五郎の弟分、三吉。やりたかった役でしょう？

■ええ、一番やりたかった役ですね。

――（坂東）三津五郎さん、（尾上）松緑さん、皆あそこから始まっている。

■僕は有り難いことに、前回は鳶《とび》の吉五郎から始まっているんです。

――花道で宗五郎とすれちがう人だ。

■そこから始まって、その時も絶対三公《さんこう》（三吉の呼び名）をやってやると思っていましたし、有り難かったですね。

――三吉は誰に教わったの？

■團蔵のおじさまです。あとは、（市村）橘太郎《きつたろう》さんの資料を見ておいてと言われたので、お話を伺い、教わりました。

――三吉は主役とからめるし、細かい仕事もあるし、いい役です。

■吉五郎の時は指をくわえて見ているだけでしたから。話の核に入っていけたので、楽しかったです。仕事も多いし大変でしたが、ひたすら終わらないでくれと思っていました。

――いずれは宗五郎をと思って、菊之助さんをずっと見ていたんでしょう？

■でも壁が大きくて。見えてこないですね、てっぺんが。

――お酒は？【魚屋宗五郎は禁酒の誓いを破って次第に酒乱に変わってゆくのが眼目】

■全然飲めないです。一杯目でぶっ倒れると思います（笑）。僕らは男性が女性をやるし、神様にも妖怪にも、何だってなれるわけです。宗五郎は思慮分別のある男です。そういう男が酒に呑まれて自分の思いをぶちまける。それを演じなければいけないのですよね。

――大役にたどり着く前にやりたい役は？

■いまは『髪結新三《かみゆいしんざ》』【小悪党の髪結い】の新三の舎弟・勝奴《かつやっこ》ですね。

――世話物《せわもの》、時代物、どんな世界が好き？

■僕は世話物ですね。江戸の世界に生きてみたかったなという思いもあります。

――でも、課題は、「江戸前」です。

■ええ、その世界を知らない人間ですから。これからの課題ですし、見てくださるお客様も、その世界を知らない人がこれから増えていく。でも、本当に良いものは、知識を飛び越えて、入ってくるものだと思うんです。歌舞伎は見たこともない世界を描いている。でも、こうだったかなと共感を得られる。それが芸の極致じゃないかと思います。

三津五郎の教え

――今までで太い役（男らしく豪快な役）は『車引《くるまびき》』【『菅原伝授手習鑑』三段目】の梅王ですか？

■そうですね、一番太かったのは梅王ですね。三津五郎のおじさまに教わった、最初で最後のお役になってしまいましたが。

――手の位置から全部直されたでしょう。

■一番印象深い教えは、やることと見せることの違い、でしょうか。体を大きく使うことが、得てして大きく見えるというわけではない。歌舞伎にはそういうエッセンス、どう見せるかという知識が詰まっているので、それを教わりました。一つ例を出しますと、体を大きく見せようとすると、胸を開いて、肩を大きくいからせようとする。でもそれはおじさまに言わせると、「力が逃げている」ことになるとのことです。散漫な姿勢になってしまう。そうではなくて、内側にしまいこむ、そういう姿勢が力強くなるんだと。これはビデオじゃわからない、直接教わらないと。そういうおじさまの努力・研究が荒事には結集している。本当に一生の教えになりました。

――腰を落とすと、小さく見えるはずなのに、大きく見える。エネルギーが見えてくる。

■一回経験をするとまた違った見え方になるんです。写真を何枚か取り寄せて、おじさまの見得の姿勢を見ても、どこにも余分な力が入っていないのがわかるんです。「年を取ってからの梅王のほうが楽だ」とおっしゃっていました。若い頃は力の配分ができない、でも年を取ると、終わりのほうから力の計算ができるから、どこに山場を持って行けば良いかわかる。だから、一番最近にやったときのほうが楽だったな、と伺いました。

――経験からの学びですね。

■無駄を削いでいく。結局それがお客様にとっての心地よさにもなるんですね。シャープにまとめる。たとえばノリ地（セリフを義太夫のリズムに合わせて、まさにノって発声する）の時などは、それほど声を張らなくて良いと言われました。義太夫の語りに預《あず》けたほうが楽だと。当時、体ががたがたになっていて調子（声）も崩しそうだったのですが、その助言でなんとか立て直せました。体が痛いということは、警戒信号を出しているということですから、今の言い方は間違っているとそこで気づくことができたんです。

――無理していた。そのあと声は出た？

■出ましたね。本当に百の力で出す声なんて、いくつもあるわけではないんです。「勘忍《かんにん》なんねえ」のところ【悪の張本人・藤原時平《ふじわらのしへい》に詰め寄るところ】だけですね、義太夫にノって、そこまではゆったり、力まずにいって、最後のところだけ全開にする。

――だから音楽劇として心地よく聞けるんですよね。すべてめいっぱいだと、うるさい。

■ええ。皆さん言うんです、おじさまに教わるとわかりやすいって。

――三津五郎さんは小柄な方なのに、大きく見えたのは「芸の力」です。そこは盗まなければならない。

■はい、僕は改めてもう一度梅王をやりたいですし、これからはおじさまの教えを守る、おじさまの顔に泥を塗らないように、しっかりと勤めていきたいと思います。先代の教えを次の時代に渡す、その感謝です。

萬太郎じゃなきゃ

――萬太郎さんは現代っ子ですが、歌舞伎の物語は、世の中の流れからすると理解されな

いことも多い。一方、時代にも適合しないといけない。

■この本は、歌舞伎初心者にも向けたものなんですよね。これを言うと少し離れてしまうかもしれませんが、あまりわかろうとすることは大事ではないのかと思います。

――なるほど、すべてわかるというのはおかしいと。

■一回見てわかるようなものはテレビでも良い。歌舞伎の強みはライブの強み、能動的なエンターテインメントという点です。お金を払って、足を運んで見ていただく。これ、ずるいセールストークなのですが、何回も見て、何回も噛みしめてやっとちょっと味がわかってくる、歌舞伎はそういう演劇だと思います。わかってきた時の喜びもあります。見るたびに新しい発見があって。それが古典芸能の強みなのかなと思います。

――観客がなぜ繰り返し通うかと言えば、やはり役者の魅力なんです。同じものなのに役者が変わったらこんなに違って見える、だから芸は繰り返し見る楽しみがある。

■そうならなくてはいけないですね。どんな役者になりたいと聞かれたら、歌舞伎界に必要とされる役者になりたい、ならなきゃと思っていますので。萬太郎でいい、じゃなく、萬太郎じゃなきゃ駄目だと言われるような役者をめざしたいですね。

（平成二十八年三月十六日　於松竹本社会議室）

「初代」の心意気

きりっとした眼元が印象的。面長の兄と違って現代風か。その顔を古典から新作までの幅広い役に変えゆくのが化粧前。鏡台は自分で設計図を書いた。そこには毎月、勘三郎の写真を飾っている。「たるんじゃ駄目だぞ」と語りかけてくれるという。平成中村座に迎えてくれた恩を忘れずにいるのだ。

勘三郎は父・時蔵と同い年。そして二人の息子がいることも共通点。萬太郎に父と兄から離れた環境の中、共演することで学ばせた。急逝で、思慕の念をより強めたのだろう。血縁による世襲だけでなく、芸や心の伝承が歌舞伎界にはあるということを、萬太郎の姿勢が教えてくれている。

この世代は幼少から、さまざまな稽古を重ねている。俳優たちは初日までわずか5日で幕を開けなければいけない。その苛酷さを潜り抜けてゆく底力。その一端も、萬太郎との会話から汲み取れた。

自作の鏡台には隠し扉があるという。中に何があるかは、教えてくれない。ライバルは同期のふたり、巳之助と歌昇。そのふたりを凌ぐ個性が、この化粧前から、どう生まれてくるのだろうか。

坂東巳之助【ばんどう　みのすけ】

古典の力で現代を生きる

大和屋（やまとや）。平成元年9月16日生。十代目坂東三津五郎の長男。3年9月歌舞伎座〈八代目坂東三津五郎十七回忌追善〉の『傀儡師（かいらいし）』の唐子（からこ）で本名で初お目見得。7年11月歌舞伎座『蘭平物狂（らんぺいものぐるい）』の繁蔵と『寿靭猿（ことぶきうつぼざる）』の小猿で二代目坂東巳之助を襲名し初舞台。23年6月、24年3月国立劇場奨励賞。27年4月、日本舞踊坂東流家元継承。

芯を曲げない

——二〇一六年十月の巡業は『獨道中五十三驛《ひとりたびごじゅうさんつぎ》』です。

■（市川）猿之助にいさんとダブルキャストの大役です。そのやりかたは、（市川）猿翁《えんおう》のおじさまが猿之助時代に（中村）歌六《かろく》のおじさまとされているようです。猿之助にいさんが化け猫をやるときは僕が十三役早替わりの踊りを、またその逆もあります。

——巡業ですから宙乗りはないんでしょう?

■それがあるんです、化け猫の時は、僕がさせていただく。本格的な宙乗りは初体験です、

『闇梅百物語《やみのうめひゃくものがたり》』【妖怪変化が多数登場する舞踊劇】の傘一本足【傘のお化け】は吊られるだけでしたから。

――二〇一五年のフレッシュな顔ぶれの新春浅草歌舞伎の一員になって、そういう時代が急に訪れたという印象をお持ちですか？

■自由にさせていただけている部分もありますが、芯の部分は曲げないという思いを持っておかないと、時代に振り回されてしまうと思います。二〇一五年の出演記録を見ても、浅草はもちろん、三月南座の『流星《りゅうせい》』【雷の夫婦喧嘩を天上界に報告に来る流れ星の舞踊】、『白浪《しらなみ》五《ご》人男《にんおとこ》』の南郷力丸《りきまる》など、これだけのお役をさせていただいて、八月は父（坂東三津五郎）に捧ぐと冠して、『棒しばり』と『芋掘長者《いもほりちょうじゃ》』【婿選びの場で芋掘り踊りを披露する若者の友で踊り巧者】をさせていただき、また『ワンピース』もありました。ただ、そういうもの一色になっていってしまうと、まだ早いだろ、となってしまうでしょう。それとは別に、年代相応のお役を随時させていただいた経験も大きいです。大先輩のおじさま方など、さまざまな先輩の胸を借りて、脇のお役も勉強させていただけました。

――自分の感覚としては、何歳くらいから、「来た」という気がしましたか？

■いまだにそんなふうに感じてはいないです。猿之助にいさんが大きなお役をふってくださることは多いのですが、僕は知っているんです、あの方は、「お前にできるのか？」という意味でお役をくださるということを（笑）。現時点の坂東巳之助という役者の実力より超過したものをふってくださるので、甘えることなく、期待以上の結果を出して応えていかないと、使ってくださらなくなる。そういう意味では、このお役をやったから、自分が今「来ている」、そういうものでは絶対にないです。むしろ、お前はこれから来るのか、来ないのか、試されている状態だと思います（笑）。

――役をふってきたなと感じたのは？

■浅草の『天下茶屋《てんがぢゃや》』【敵討ちの物語】で源次郎【父の仇を狙う息子】をさせていただいた時か。もっと遡るなら、猿之助にいさんが夏の巡業で弁天小僧《べんてんこぞう》をやった公演で、赤星《あかほし》十三郎《じゅうざぶろう》【『白浪五人男』の元武家中小姓】をさせていただいた時かと。まだ十九歳くらいだったと思います。口上に並べてくださって。それが最初といえば最初だと思います。

「やらない意味がわからない」

――少年時代、お父さんから、稽古は何からしなさいと言われましたか？

■少年より前、幼い頃でしょう、踊りを教わりにいきました。三歳ですよ、ほとんど覚えていなかったと思います。

――稽古事はお好きでした？

■大嫌いでした（笑）。いまだにそうですが、努力している最中を人に見られるのが嫌いなんです。だから、教えて下さる方に見ていただくのは別として、テレビなどドキュメンタリーで稽古場にカメラが入ってくるのも嫌ですし、芝居でも他人の目がある稽古は苦手です。稽古待ちの方や、見学の方もいらっしゃる状況で、やるのは。

――稽古事それ自体が嫌なわけじゃないんですね。でも、さぼったことは？

■さんざんあります（笑）。父と喧嘩になりました。思春期よりもっと前の頃です。

――将来どうするのかということを考えるのはいつ頃でした？

■ずっと考えていました。歌舞伎以外のこともやりたいと思っていました。十歳から十八歳くらいまででしょうね。

――熱中したものといえば？

■楽器、バンドをずっとやっていました。ドラムを叩きながら、ギターで曲を作っていました。バンドは四人編成で、ライブもやりました。

——いま他のメンバーは何を?

■一人は警察官、一人は銀行員、一人はフリーターです。

——そして一人は歌舞伎俳優(笑)。

■みんな、いまも仲いいですよ。

——ボーカルはやらず、演奏のみですか。

■バンドではドラムだけでした、ギターは曲作りのみで、演奏は他の人がやっていたので。

——バンド名は何ですか?

■なんだっけ……、ゼロクリック。ワンクリック詐欺が流行っていたんです(笑)。

——その間は、お父さんは何もおっしゃらず?

■いえ、「なんでも自由にしてもいい」と言われたのが十七歳から十八歳にかけての頃だったと思います。初めて言われました。それまでは、「芝居をやらない意味がわからない」と言われ続けていましたから。

——それに対して巳之助さんの答えは?

■「やらせたい意味がわからない」(笑)。

——その応酬がずっとあって。

■ほとんど毎日ですね。時には言い争いにもなりました。お互い激昂して。

——そういう時代を経て、どうして再び歌舞伎に目が向くようになったのかは是非聞いておきたいです。

■今だに自分でも何でだったかはわかりません。ただ、その方がかえって良かったと思います。こういうインタビューの場でのネタとして妙にわかりやすい、端から見たら胡散臭い理由がない方が、自分の気持ちとして信頼できると思いますので。

父が見えない

——三津五郎さんの踊りは天下一品ですが、踊りを教えるポイントは？

■技術的には基本的なことを言う人でした。それを高いレベルでやっていれば、自然と表現、個性、気持ちなどが向いていくということなんでしょう、踊りの振りには意味がありますが、振りが何を表現しているか理解しようとするよりも、きっちり踊れるようになると、ああ、こういう意味だったんだと後から気づいていくという教え方でした。つまり、「海を見ているようにもっと遠くを見ろ」という教えではなく、「遠くを見ろ、そうしたら海を見ているように見えるだろう」という順番です。

――やはり「形が先」で、心が後からついてくる。

■父は教えることがすごく上手な人だったので、こいつには今できない、と思ったことはさせなかったと思います。

――三津五郎さんからたくさんのことを教わった、教え上手だったというお話をよく聞きます。程度に合わせて、できることまでは教えてくださる。

■もちろん。それで、できるようになった頃には、今までできなかった別のこともできるようになるので、また次の段階へ進むという、そういう教え方でした。人を見て、教え方をそのつど、変えることができるのはすごいことだと思います。あと、父と僕ではまず体のつくり・サイズが違う。手、足、胴、首、すべて長さも違うので、「ここから先は俺にはわからない」と言われたことはあります。「俺はお前の身長になったことがないから、あとは自分で工夫しなさい」と。

――お父さんも曾祖父（七代目三津五郎）からの直系で、名人の曾孫《ひまご》だ、孫だと言われ続け、重圧を受けていた方でした、家名を背負っていたなという感じはありますか。

■葬儀の挨拶でも言いましたが、『喜撰《きせん》』【清元の舞踊・洒脱な僧・喜撰法師】は自分の二ン（キャラクター）ではないと言っていました。そういう部分はあると思います。

――ニンでない『喜撰』の花錫杖《はなしゃくじょう》（密教の仏具を模して桜で作った小道具）を「棺に入れてくれ」と遺言されていましたね？

■ニンじゃないというのは、嫌いだ、やりたくないということとは違って、たとえば芸の継承で行う場合と、興行としてお客様の前でやる場合では違うのです。本人は好きだったし、大切に思っていたでしょうけれど、お客様に見せるに当たっては、『喜撰』なんて俺のニンじゃないんだよということで言っていたんだと思います。

◆

――そしてこの一年を観ると、他の人と違うのは、『流星《りゅうせい》』【清元の舞踊・雷一家の夫婦喧嘩を報告に来るほうき星】なり『独楽売《こまうり》』【常磐津の舞踊】なり、坂東流の個性ある出し物を踊れる強みがありますよね。

■踊らせてもらえるのは有り難いことです。

――『流星』はお父さんから習いました？

■いいえまったく。演目が決まるのが遅くて、その頃には父も元気ではなかったので、父が教えた坂東流のお弟子さんに教わりました。

――『流星』を、本公演で二十五日間やって、いかがでしたか？

■踊りは全般にわたって好きです。踊ることは好きですし、何をやっても面白い。先は見えない道なので、それを苦しく思う時も来るのでしょうが、見えないことは基本的に面白いと思います。『流星』もずっと踊りっぱなしで、その面白さもあるし、芯《しん》（主役）の踊りだけでなく今月（二〇一六年五月）は『男女道成寺《めおとどうじょうじ》』で坊主を踊っていますが、たとえ短い時間でも、ちゃんとやると、やはり面白いし楽しい。まだまだ踊れていない状態が続く以上は、何をやっていても楽しいです。

――この先、もっとできる自分がいる、ステップアップできるから踊りは面白いと思ったのは何歳くらいですか？

■わからないですね、でも、踊っている間、舞台に出ている間は、ずっと楽しかったですよ、楽しくない時はなかった。それは変わらないです。出たくないと思ったことはない。

――それは良いことです。お父さんに格別怒られたものは？

■もちろん怒られたことはあります、なんでこんなことができないんだと言われたことも。でも、なんとかしてくれました（笑）。ちゃんと教えてくれていた。

――舞台に出すからには、お父さんとして納得できるまで仕上げたということですね。

■こいつならこの辺までだろう、というところまでやってくれたとは思います。

――舞台での共演もたくさんありましたね。

■ええ。でも逆に、一緒に出ていたくなかったという舞台もたくさんあります。それは舞台上で横にいると、父が見えなくなってしまう。正面を向いて座っている役だと、花道で踊る父も見えない。客席、楽屋、舞台袖なら見られたものを、舞台だったから見えなかった舞台がたくさんあるという意味で残念でした。

一日二回の『ワンピース』公演

――『ワンピース』（二〇一五年十月初演）を歌舞伎でやると知って、びっくりしましたか？

■猿之助にいさんがやるんだ、と思いました。この作品が好きで歌舞伎にしたいという先輩は何人もいたのは知っていて、そのうち誰かがやるだろうと思っていましたが、特に興味がないと思っていた猿之助にいさんなんだ、と。

――原作を知っていたのは、貴方と（中村）隼人さんだと伺いました。

■ちゃんと追っかけていたのは僕と隼人くらいですね。

——読んでいたから好きなわけで、自分で配役への期待はありましたか？

■そこは考えていなかったです、長編漫画で、どこを芝居にするのかもわからない状況だったので。

——三役を演じ、四カ月演じました。原作イメージと近かったものはどれですか？

■ボン・クレー【義理人情に厚いおかま】です。あのままの濃いキャラクターで、他に変えようがない。次はゾロですね。

——三刀流の人ですね。もう一人のスクアードは、裏切り者。あれも良い役ですね。

■原作だとあのキャラクターがそこまで注目されていたわけではないんです。要は、海賊団の一人、有象無象《うぞうむぞう》の人に白ひげという頂点が刺されるということが重要だったんです。そこをこれだけ深くキャラクター造形を作ってやらせてくださったのは有り難かったです。これらの役がここまで大きくなると思いませんでした。

——初の本水立ち回り体験は、いかがでしたか？

■階段の付いた普通のプールです。大道具の書き割りの滝などとは違いますし、水の勢いも通常より強い。結構な量が出ているんですよ。

——体にはどんな風に感じましたか？

■冷たいですね。日によりますが。匂いはプールと同じ。塩素かな。

――**一日二回公演もあって、体力はへこたれませんでした？**

■体は平気でしたが気持ちの問題ですね。一日で二回同じことをやるのは精神的に辛いんです。巡業でも、新作でも、あとほかの演劇の世界でも二回公演は当たり前でしょうが、歌舞伎役者は、僕に限らず皆同じことを言う人が多いですよ。普段の大歌舞伎は、昼が終わったら夜の部、一日が流れて過ぎていく感覚の中で生きているので、一回終わったら振り出しに戻るというのは、慣れていないので精神的にきます。でも、浅草で（二〇一六年）一月に勤めた『毛抜《けぬき》』（粂寺弾正《くめでらだんじょう》）よりよっぽど楽です。

――**間にそれがあったから、よほど感じたわけですね。**

■使っている体の場所、声も違いますから。『ワンピース』は、一日使い切っても寝れば元に戻る、いわばスポーツ的な消耗でした。ですが古典の舞台の疲れは蓄積する気がします、ひと月のうちにどんどん辛くなってくる（笑）。『ワンピース』はテンポ、体感時間、体の使い方が全然違うんでしょう、尾を引く疲れ方ではないので。

古典は面白い

――『毛抜』は誰に習いました？

■（市川）左團次《さだんじ》のおじさまです。

――本格ですね。役が来たときはどう思いました？

■今？　と思いました。将来的にやるかもとは思っていましたが、早いだろうと。

――『毛抜』をやって良かったことは？

■『ワンピース』の直後だったこともあって、本当に古典は面白い、と思いました。それに尽きます。

――先ほど、どんどん体が辛くなるとおっしゃいました。

■難しい話ではなく、衣裳なり太刀なり、重い物を身につけていることが大きな理由という気がします。

――では、粂寺弾正の「役の重さ」は？

■やはり難しい役です、主役であると同時に狂言回しでもあり、登場人物の誰よりも観察眼があり、裁いていかなければならない。他にない役ですよね、主役が出ずっぱりで幕外

【幕になったあと悠然と花道を入る】までやって引っ込むという。（市川）團十郎のおじさまも、十八番ものでは『毛抜』が一番しんどいとおっしゃっていたそうです。

――左團次さんのアドバイスは？

■ひと言でまとめると、とにかく大きく見えるように、ということです。

――大きくとは、作品全体に漂う何ともいえない大らかさでしょうか？

■それも含め、物理的に大きく見せるという方法も教えてくださいました。

ここで、巳之助は具体的に教えを語ってくれた。が、ここには記さない。その記述が残るとインターネットで広がり、「それをしないから悪い」と言い出す人が出てくる恐れがあり、「教え通りやらなくても大きく見えるから素晴らしい」という意見がつぶされてしまう懸念を語り、なるほどと思える発言だった。何故、そのように考えるようになったかは、以下、語ってくれた内容からわかる。そこに、現代に生きる俳優としての毅然とした姿勢が見えてくる。

ネットの意見を封じる

■ネット上の意見は、基本的には見ないです。たとえば直接おっしゃっていただいて、勘違いだと思ったら、「そうではありません」と言うかもしれません。劇評は読みます。それはプロのご意見で甘んじて受け止めますし、もし見当違いであったとしても、名前を出されているから連絡は取れるので、直接申し上げられる。そうでない、「批評家気取り」の人々が怖いのです。今はネットで安直に意見が発信できる。なんの反論も恐れず、軽い気持ちで世界中に「批評」が溢れる。その結果、勘違いも加速するおそれがある。怖いと思います。

――今までで、一番勘違いだと思った意見はありますか？　書きましょう（笑）。これは問題だという提言になると思うんです。

■これはお話にもならないレベルですが、型が違ったり、教わった人が違ったり、劇場が違ったりするものを、「あの時観たあれと違う、あの人の芝居と違う、がっかり」と言う人もいます。それを、さも通《つう》ぶって言われ、それを聞いた人も信じてしまって広まるのも怖い。僕がなるべく、「こう教わった」とか、「こう怒られた」と言わないようにしているのは、そういう人たちへのネタを提供しないためです（笑）。尾ひれが付いて全然違う形になってしまいそうな発言は残さない、それが時代に対する僕の抵抗の仕方です（笑）。将来的にそういう人たちばかりが観に来る歌舞伎座になってしまったら嫌ですから。

――舞台で答えを出すしかない。意見を封じてしまえるだけの舞台にしてしまえばいい。

■はい。そこに到達するまで時間はかかりますから、それまでは余計なことを言わないようにしようと思います（笑）。

インドア派

――舞踊家として、今後、踊ってみたい、やりたいことはなんでしょうか？

■やるとしたら、坂東流の若手で勉強会をやった方が良いだろうとは思います。

――今は何をお稽古していますか？

■『文売《ふみう》り』【清元の舞踊・恋文売りが、廓《くるわ》での痴話喧嘩を語りながら踊り描く難曲】をやっています。

――三津五郎さんが歌舞伎座でなさった（二〇〇七年十二月）。常磐津の『粟餅《あわもち》』【餅売りが、

長屋の住人を六歌仙になぞらえて洒脱に演じる】も最高でした。ああいうのをやってください、大好きです。

■やるのは、大変なものです（笑）。

——息抜きはなんでしょうか？

■家に帰って、酒を飲みながら音楽を聴く。基本的にはインドア派で、外には出たくないタイプです。何でも飲みます、最近はウイスキーをロックで。いいですね、こういう受け答え。昔の「演劇界」（歌舞伎の月刊誌）のインタビューみたいで（大笑）。

（平成二十八年五月十八日　於銀座六丁目喫茶室）

誠意のひと

巳之助の印象的な舞台は本文に記したが、舞台以外で心に残る姿がある。父・三津五郎の葬儀の日だ。覚悟していたとはいえ、落ち着いた態度と穏やかな表情。感情あらわに悔やみを述べる弔問客に、いたわるような気づかいさえみせ、自然だった。さらに驚いたのが謝辞。ありきたりの御礼ではなく、父の思い出を中心に、時には笑いを誘うエピソードも交え、感情を抑えながらの語り口は見事のひとこと。そのとき25歳。この若者の立派な言動に驚嘆したものだ。

そうして、取り組んだインタビュー。これほど苦労するとは思わかった。「世間の評価に振り回されたくない」から「やりたいこと、好きなことは、一切いいたくない」という姿勢を堅持し、どこから攻め込んでもこたえがでない。年齢以上に世間の荒波を体験した証左なのか。甘口の答えで取材者を喜ばせる道を取らない。一本、筋金が通っていた。

かつて「宇宙論」の科学者に取材したことを思い出した。質問するたびに否定された。意地悪ではなく学問に誠実である証拠なのだ。

世評を大切にする役者という職業だからこそ、ひとり歩きしない内容を残したいという巳之助の「誠意」のあらわれといえよう。「情報」というものの、いい加減さに傷ついた体験も一因だろう。それゆえ吟味された一問一答と現代のありさまを独特の視点から斬る意見。ぜひ本文で味わっていただきたい。

中村壱太郎【なかむら　かずたろう】

プリンス&プリンセス・カズ

成駒家（なりこまや）。平成2年8月3日生。中村鴈治郎の長男。祖父は坂田藤十郎。母は吾妻徳穂。7年1月大阪・中座〈五代目中村翫雀・三代目中村扇雀襲名披露興行〉『嫗山姥』の一子公時で初代中村壱太郎を名のり初舞台。22年7月、23年6月国立劇場奨励賞、27年10月同優秀賞。22年十三夜会賞奨励賞。23年度咲くやこの花賞。23年度文化庁芸術祭賞新人賞。27年度大阪文化祭賞奨励賞。26年9月、吾妻徳陽として日本舞踊吾妻流七代目家元襲名。

危機「調子をやる」（声が出ない）

――初めて声が出なくなったとか……。

■父の襲名の年、二〇一五年の四月です。父（中村鴈治郎《がんじろう》）も祖父（坂田藤十郎《とうじゅうろう》）も、僕らは「調子が強い」と言うのですが、声が枯れないんです。ミュージカルの方などは、本番前に発声練習をしますが、歌舞伎役者はやらないですよね。普通に話していて、いきなり舞台に出る。だから、その月も無理なく出していたつもりが……。

――この時は、梢《こずえ》【『石切梶原《いしきりかじわら》』、梶原平三が名剣の目利きをする】という娘役と、主税《ちから》

【『碁盤《ごばん》太平記』、大石内蔵助の息子】という前髪の若侍役。これがセリフの多い役で、あとは所作事（舞踊）と、善六【『河庄《かわしょう》』、上方世話物《せわもの》の滑稽な脇役】でしたね。

■その善六が鍵でした。いわゆる「ガヤ声」といいますか、わざと声を低くする発声法。女形は、普段より高い声か同じ調子でやります。それを地声よりもっと低く、わざと声をそれっぽく聞かせる。あとは（市川）染五郎おにいさん【善六の仲間、悪役・太兵衛】と一緒に、ちゃかしている雰囲気が見えればと、がむしゃらにやっていたこともあると思います。

——あえて肩に力を入れていた。

■加えて、前の月に引き続き、歌舞伎座に久々に出た月だったんです。二〇一三年から、ずっと出ていなかったので。

——お父さんの襲名と久々の歌舞伎座への気負い？

■そのとおりです。歌舞伎座に気負うということもあると思いました。しかも善六を受けたからには、梢のようなお役でずれてしまっては元も子もない。それに、（松本）幸四郎のおじさま（梶原平三）とご一緒の舞台ということもあるので、そこで梢を演じるという緊張も強かった。自分より大先輩の出し物（主演作）に、娘役で出させていただく、これはとてつもなく大きいことだと思いました。おじさまが、父の襲名だから迎えてくださる温かさ。力を抜く要素がどこにもないことが影響したのだと思います。

――お父さん、お祖父さんもそういう経験があったんですか？

■祖父が声を潰しているところは見たことがないですね。僕よりもっと重いお役を何役もやって、終わったら映画を朝まで撮って……。それを思うと何も言えないです。

――鴈治郎家は全員病気知らず、怪我知らず、自己管理家系ですね。

■祖父は今まで、一度も休演したことがない。これはもう、異常だと思います（笑）。

「チラシ」に名前が掲載される喜び

■大きなお役をたくさんいただいていますけれど、若手公演が多かったんです。ただ襲名披露公演の前の月は『菅原伝授《すがわらでんじゅ》』の通しで苅屋姫《かりやひめ》【菅丞相《かんしょうじょう》（菅原道真）の娘】、戸浪《となみ》【武部源蔵の女房】を勤めさせていただいて、（片岡）仁左衛門のおじさまの、大一座での大役です。これはとてつもないことなのです。

――『菅原』は若いメンバーが、仁左衛門さんの傘下に入られたのですね？

■出させていただいたのはもちろんですが、仁左衛門のおじさまとご一緒にチラシ（宣伝広告）に名前が載ることもすごく嬉しいのです。忘れもしない二〇一三年三月、新橋演舞場は若手公演だったのですが、染五郎おにいさん、（尾上）松緑おにいさん、（尾上）菊之助おにいさんと（中村）梅枝おにいさんに僕も出させていただいたのですが、その時も嬉しかった。

――出し物は、なんでした？

■梅枝おにいさんがおよね【『暗闇の丑松《うしまつ》』、不幸な女房】、僕がお京【『一條大蔵卿《いちじょうおおくらきょう》』、舞の名手で武芸の心得もある女性】だったのですが、仮チラシに名前を載せていただけることの有り難みと嬉しさを梅枝おにいさんと噛みしめていました。それから二年、仁左衛門のおじさまが、とても大切にされている芝居（『菅原』）です。空気が違います。染五郎おにいさんや菊之助おにいさんがいて、（片岡）秀太郎《ひでたろう》のおじさまに苅屋姫を習えて……。

――戸浪は、どなたに教わったのですか？

■はじめにこんぴら（四国こんぴら歌舞伎大芝居）で勤めさせていただいた時に（中村）雀右衛門《じゃくえもん》のおじさまに習いました。あと秀太郎のおじさまにも。大体、祖父に聞きますが、祖父がやっていないと、上方ものは秀太郎のおじさまに伺います。

「鴈治郎家」に生まれたありがたさ

――お祖父さんは、聞けば教えてくれるのですか？

■いいえ、ゼロからは教えてくれないですね。まずはセリフを覚えてやってごらんというタイプです。『鳴神《なるかみ》』【高僧・鳴神上人《しょうにん》を堕落させる雲の絶間姫《たえま》】の時も、とりあえずセリフを覚えて、祖父のコピーをまずする。台本はこうでビデオはこう、動きは台本に書いていない。それに対して祖父が言ってくれます。『鳴神』の時も最初は何度も中断しました。たとえば、滝をはさんで（鳴神上人と）会話をしている雰囲気を出せとか【舞台中央下手寄りに滝が流れる】。

――滝の存在？

■現代のお客様にはわかりにくいですが、滝という垣根に挟まれているから大きな声を出して話しているという、根本的なところから、ちょっとした仕草、間のことも言ってくれますが、ではこの動きは絶対こうしなさい、とは言わないです。雰囲気が出れば良いと言います。そこが一番難しい（笑）。

――そうか、ディテールは身近に知っている方から学べと。先生に恵まれていますね。

■そうですね、父が立役なので、誰にでも習いに行って良いというスタンスなんです。たとえばお園【『毛谷村《けやむら》』、武道に秀でる女性】は、ものすごく仕事（動きや準備）の多いお役なんです。それで（片岡）孝太郎《たかたろう》おにいさんに習ったのですが、最後は祖父に見てもらうにしても、祖父にだけ習うのは不安だったんです。仕事のことを教えてくれないので（笑）。たとえばここに道具（小道具）を置いておくと良いということは絶対に言ってくれない、お客様から見えないところを教えてくれることはまずない。孝太郎おにいさんに相談したら、お祖父さんに習いながらでいいからと、教えてくださった。

――幸せです。

■藤《ふじ》の方《かた》【『熊谷陣屋《くまがいじんや》』、平敦盛《たいらのあつもり》の母】の時もそうでした。播磨屋のおじさま（中村吉右衛門）の熊谷【直実《なおざね》・敦盛の首を討ったとされる】でやらせていただいた時、もちろん相模《さがみ》【熊谷の妻】が雀右衛門のおじさまで、習いに行きましたが、「お祖父様から聞いたらいいのでは？」とおっしゃってくださって。また、播磨屋のおじさまも気にしてくださって。

――播磨屋とできる、このすごさですよね。

■なにが嬉しいって、播磨屋のおじさまの物語を誰よりも近くで聞ける（笑）。お客さま気分なんです、それではいけないんですが。

――壱太郎さんに向かって熊谷が説明している。

■すごく嬉しくなってしまって。播磨屋のおじさまが目の前でやっている、という感動ですね。（中村）歌昇おにいさんにも、「すごいことだね」と言われました。

――「よくぞ鴈治郎家に生まれけり」です。

■播磨屋のおじさまがお声がけくださったのもそうですが、祖父や父の芝居に、当たり前のようにお声がけいただける、また違うご縁もいただける。本当に有り難いことです。

――でも、荷が重いものはなかった？

■ほぼ全部、荷は重いんです（笑）。二〇一五年十月（国立劇場）の油屋《あぶらや》お紺《こん》【『伊勢音頭《いせおんど》』、主人公・貢《みつぎ》の恋人】だってびっくりしました。まさか（中村）梅玉《ばいぎょく》のおじさま（貢）のお相手役をできると思わなかったです。ただ、荷が重いからやりたくないと思うことはないですね。すごく興奮しいなので、こういうお紺のようなお役が来た時、若すぎるのは当たり前、不釣り合いにならないように、どうしようかとあがく。それが良い方向でなく、悪い方向に進むこともありますけれど（笑）。やりすぎちゃっているなと。それを気づかせてくれたのが、うちの（中村）寿治郎《じゅうじろう》さん（成駒家《なりこまや》長老）と、お弟子さんです。

――「坊ちゃん、それはちょっと違いますよ」と言ってくださるのですか？

■興奮しいの性格なので、舞台となると百パーセントそのことしか考えられない。そんな時、「気負わなくてもいい」と言ってくれたことによって、余裕を持ってお役に向き合えるようになりました。がむしゃらもいいけれど、周りの人（衣裳・鬘《かつら》のスタッフなど）と良くない雰囲気になってしまう、その人たちへの気遣いを、お弟子さんから、気づかされました。

黒衣《くろご》で遊んだ少年

――子どもの頃、家はこの仕事だということを自然に？

■本当に今まで、歌舞伎を嫌いになったことがなかった。それは環境に感謝です。強制されなかったというのが大きかったと思います。もちろんお稽古事は通わされたと感じましたが、嫌いにならなかったのは、黒衣で遊ばせてもらった【歌舞伎の舞台では黒の衣を着ている人は見えないという約束事で顔も頭巾で隠し、小道具の出し入れや不要のものを片付ける】。現場に連れて行って遊んでくれた人、送り込んでくれた父（鴈治郎）に感謝です。また母（吾妻徳穂）が日本舞踊の世界で働いていることも大きいと思います。

――家に誰もいない、おばあさん（扇千景）は国会だし（笑）。自分の黒衣を持っていた。

■劇場にいると、黒衣の仕事がしたいじゃないですか。『乗合舟《のりあいぶね》』【常磐津の舞踊劇。多彩な客が乗り合わせ芸を披露】で、小道具を取って引っ込む時に、たとえば（中村）又五郎のおじさまに、いいよ、ちょっと一緒に出ようよ、と父が作ってくれた黒衣のまま一緒に本番の舞台に座って、「僕は今日、仕事をしてます」と。本職の大人の黒衣さんと、一緒に出られる。そういうことが子どもは楽しいんですよ。

愛之助に学ぶ

――ここ数年では、（片岡）愛之助さんとご一緒することが一番多いでしょうか。

■本当にもう、ご恩は莫大といいますか、永楽館《えいらくかん》での公演（兵庫県豊岡市出石の芝居小屋・永楽館歌舞伎）がきっかけです。最初は高校三年生くらいで、回を重ねるごとに『藤娘』『吉野山』（静御前）『引窓』で女房お早などをさせていただいて。その後、おにいさんもテレビに出始めて、忙しいから、公演はなくなってしまうかと思っていたら、「毎年やる」とおっしゃって、必ずお声がけくださる。松竹座などの公演もほぼ全部相手役を勤めさせていただけて幸せです。数え切れない時間をご一緒に過ごさせていただいています。

――お役でも上方というキーワードでも一緒になれたし、いくつもメリットがある。

■もうメリットだらけで。おにいさんも、上方は人がいないんだからと。事実、僕とおにいさんの間は、幹部俳優の女形さんがいらっしゃらないんです。後輩を育てたいという思いがあるのかなと。嬉しいことです。

――同時に愛之助ブレイクも体験しました。

■おにいさんは何も変わっていなくて、そこが素敵だなと。本当に気を遣われる方だし、スタッフさんやお弟子さん、どんなに忙しくても、神経質にぴりぴり話しにくいということがまずない。僕だったらできないと思います

――『GOEMON』【石川五右衛門がスペイン宣教師の混血児という設定で出雲の阿国に西洋の踊りを伝授する。二〇一一年システィーナホール、一三・一四年大阪松竹座、一六年新橋演舞場】も愛之助さんの五右衛門の相手で、出雲《いずも》の阿国《おくに》。これは鴈治郎家の血だと思ったのですが、あれはフラメンコでしょうか？

■フラメンコをモチーフに、阿国が新しい踊りを創り出すという場面があり、芝居というより、ほぼレビューでダンスと舞踊のコラボレーション。その概念は演出家や振付の先生

の仕事で、歌舞伎を残すのが僕らの仕事だと思うのです。五パーセントでもいい、どこかに残っていれば歌舞伎になると思うので、その度合いを図りながら作っていました。

――非常に面白い、説得力がありました。

■御宗家（藤間勘十郎）がすごく良い振りを付けてくださって、自分なりに解釈して。共演の十人全員が女性（女優・舞踊家）というのも面白くて。そこがコマ歌舞伎っぽい（昭和四〇年代、東西のコマ劇場で、扇雀時代の藤十郎が取り組んだ歌舞伎レビュー）。

――お祖父さんは色々踊った。

■それこそ深川マンボも、軍歌も踊って。

――両親は何ておっしゃった？

■母は、いの一番に、自分も踊りたいと（笑）。

――舞踊家さんならではですね。

■うちの祖父の血も強いですが、母も創作舞踊をしたり、「洋」というものに対してまったく閉鎖的でなく、それが合致したところに、『GOEMON』があったのかと思います。

タイムスリップの家元・吾妻徳陽《あづまとくよう》

――お母さんの家は舞踊の家元。当然小さい頃からやるものだと？

■こんなに早く家元を継ぐとは考えたこともなくて、母（二代目・徳穂）が提案してくれたことです。母の場合は、曾祖母（初代・徳穂）から二十歳で継いでいるので、焦ったと思うのです。それで自分の目がしっかりしているうちに教えたいというのがあって、ちょうど再興八十周年。やろうとなりました（二〇一三年八月）。家元を襲名するというより、やっと吾妻流のこともやるんだという「始まり」を感じました。今まで（お弟子さんに）稽古を付けたこともないし、吾妻流の歴史も知らずにここまできた。ここからが、スタートです。

――（坂東）巳之助さんとも踊った【『団子売』・団子を商う夫婦を描く】。

■（坂東）三津五郎のおじさまと母が一緒に踊ったこともあって、いつか踊りたいと思っていました。おじさまに習った最後の機会になってしまいましたが、お面【お多福の面で踊る】のことなど、細かいことまで教えてくださって、財産です。いま巳之助おにいさんは、坂東流の家元ですから、同世代で同じ境遇。そういう意味でも、一緒にやっていきたいですね。最近知りましたが、流儀の祖は、市村座の女形だったんです。吾妻藤蔵《あづまとうぞう》といい、今まで、女形で家元になった人はいなかったので、タイムスリップした気持ちになりました。

上方歌舞伎の余韻

――上方歌舞伎は東京の観客にとって難しいという考えもあるのですが、自分の中では、どう整理していますか？

■すごく写実味があって、思いを投影しやすいという気はします。元になっている話は今ではほとんどありえない心中ものだったり、殺人事件、でも研究しがいのある心情が多いです。『女殺油地獄《おんなごろしあぶらのじごく》』の与兵衛《よへえ》【金のために殺人を犯す油屋の放蕩息子】だったり、『夏祭《なつまつり》』の団七《だんしち》【実父の主人への忠義のため義父を殺す】だったり、なんで殺しちゃうんだろう、と思います。作品を突き詰めたくなります。

――やはり、義太夫という原作の力ですか？

■そうだと思います。『恋飛脚大和往来《こいびきゃくやまとおうらい》』【恋人・梅川のため公金を横領する忠兵衛との物語】は以前『新口村《にのくちむら》』【逃亡者となって男の故郷へ道行をする場面】をやらせていただき、あとで、その原因となる『封印切《ふういんきり》』【公金の封印を忠兵衛が切ってしまう場面】の梅川をやったんですが、このままこの人は心中するんだとか、出会う前はどうだったか？　とか、想像を膨らませたくなる。だからお客様も見終わって、あの人どうなったかな？　など、楽しかっただけで終わらない、そこが上方歌舞伎の求めるところだと思うんです。

――生世話物《きぜわもの》（江戸前の庶民劇）とは、また違うんですよね。

■『髪結新三《かみゆいしんざ》』【ゆすり、かたりの小悪党】などを見ていると、何故そこで終わるんだと思うじゃないですか【新三と侠客が争う途中で幕となることが多い】。そのあたりが江戸の粋《いき》で格好良いところだと思います。上方の、良い意味で後味の悪い芝居というものを、もっと残していきたいと思いますね。

――ただ、壱太郎さんは生まれも育ちも東京。上方色をどうクリアしていくんでしょうか。

■もう、これは慣れと経験しかないと思います。関西弁を完璧に喋れるわけでもないですし、もちろん、上方の雰囲気は出さなくてはいけないので、そのあたりは祖父、秀太郎のおじさま、（坂東）竹三郎《たけさぶろう》のおじさま、（上村《かみむら》）吉弥《きちや》のおじさま、寿治郎《じゅうじろう》さんに教わります。いざ舞台に立ったら、仁左衛門のおじさまや父、立役の先輩にも。

――その空気に溶け込むため。手練《てだ》れの、濃い方々に……。

■そうです。特に竹三郎のおじさまは、僕が高校一年生くらいの頃、初めて家族以外の先輩からきちんと教えていただいた方です。化粧や着物の着方も教えてくださって。はじめは祖父と違って、いいのかなと思ったりしましたが……。

――具体的には？

■貴方は足が長いから帯はもっと下げてとか、襟の合わせ、裾の引き方、基本的なことですね。女形として知っておかなければならない。言ってもらえるうちが華と実感しました。

スーパーヒーロー

――（市川）猿之助さんとも機会がありますね。

■一番の思い出は、亀治郎時代、僕が十九、二十歳くらいの頃で、『金幣猿島郡《きんのざいさるしまだいり》』『加賀見山再岩藤《かがみやまごにちのいわふじ》』『天下茶屋の敵討《てんがぢゃやのかたきうち》』、これらを次々に上演された時に一座しており、この人のエネルギーはなんなんだと思ったたし、すべてがとても的確で、格好いいし綺麗だし、お客様がこうやったら喜ぶということを絶対にわかってやっていらっしゃると思うし。深夜稽古も経験して、二十七時（午前三時）とかになっても、（市川）笑三郎《えみさぶろう》おにいさんたちが、「これが普通なのよ」とおっしゃる。ナチュラルハイになっていって（笑）。猿之助おにいさんは、僕の中ではスーパーヒーローみたいな方ですね。僕がいつかやってみたいことをどんどんやって、成功させていくし、女形としても憧れていて。

――『ワンピース』（二〇一五年十月初演）も観ましたか？

■もちろん。あれは究極のエンターテインメントだと思いました。娯楽の中のトップ、歌舞伎じゃなく、演劇の中で一番を走ったんじゃないかと。プロジェクションマッピングを使う演出は増えているのですが、意味のある使い方をして、一方では歌舞伎はきちんとやりますよというのが猿之助おにいさんの格好いいところです。たぶんその技術が当時あったら、祖父はコマ歌舞伎で、やっていたんじゃないかと思います。

――おたくの家系に、もともと核がありますね。

■そうも思います。おにいさんが『雪之丞変化』や『男の花道』をやられて、いつかやりたいと思っていたものを、先を越されてしまった悔しさもあれば、敵《かな》わないと思ったり。

歌舞伎という、大きな「枠」の中で

――今日、お話を伺っている場は茶室です。歌舞伎で、お茶を点てることもありますね。

■茶室という、この空間が好きです。囲われた場で何かをするのは、すごく日本的だと思います。歌舞伎の世界もそうですから。日本の文化はやはり日本人として落ちつきます。

――ある意味ではそのがんじがらめの囲いの中で、逆に自由に泳いでいる。

■そう、囲いの中で、如何に自分が楽しめるかということが大事だと思うのです、また、囲いが小さいわけじゃない。とてつもなく大きい枠の中で、枠からはみ出さず、自分でやりたいこともやる。もちろん枠のコアな勉強も必要で、両方を大事にしたいと思います。

――歌舞伎は本当に、融通無碍の枠ですよね。

■枠さえ壊さなければ、どれだけでもその枠を広げることも、狭くすることもできると思います。

（平成二十八年五月九日　於淡交社東京支社内茶室「慶交庵」）

手押し車のゆくすえ

ずいぶん前に地下鉄の車内で見かけた。学生時代、稽古に通っていた時だろう。話しかけたりはしない。ただ、その頃カフェでアルバイトをしているとも聞いた。ごく普通の学生の姿と坂田藤十郎家の孫が結びつかなかった。

歌舞伎贔屓は俳優の子弟を特別視するが、本書登場の誰もが、フツーの青春前期を過ごしている。これがいい。実は普通ではなく稽古もし、将来、歌舞伎か別の人生もアリかなどと模索もしている。

南座の初お目見得。1歳3カ月。千両箱を載せた小道具を押して花道から登場。手押し車が歩行器に見えた。長じて『曽根崎心中』お初、初演が19歳。モデルと同年だ。逸話はふんだんにあるが、はたから見て、ぶれていない。芝居を疑うことなく、小器用にまとまることなく歌舞伎の道を歩んでいる。本書の中で、ただひとり「上方」という色合いも出せる優。祖父、父健在の26歳。これも、同世代では稀有なことだ。その幸いを噛みしめる知性が、ぎらつかないところも興味深い。

まだまだ模索が許される。現代劇、演奏、作劇と多くを試みてほしい。「化ける」という芝居用語は突然の開花をさす。いつ、それが訪れるのか？　歌舞伎を見続ける楽しみを与えてくれる人だ。

坂東新悟【ばんどう しんご】

背を伸ばし、さらに高みへ

大和屋（やまとや）。平成2年12月5日生。坂東彌十郎の長男。祖父は往年の銀幕スター、坂東好太郎。7年7月歌舞伎座『景清』の敦盛嫡子保童丸で初代坂東新悟を名のり初舞台。平成10年10月国立劇場特別賞、25年同奨励賞。

ありとキリギリスと忠信

——新悟さんは、気づいたら自然に歌舞伎の世界に？

■そうですね、僕が小学校に入るくらいまで、父（坂東彌《や》十郎《じゅうろう》）は今の（市川）猿翁《えんおう》のおじさまの所にいましたので、スーパー歌舞伎をよく見ていて、それが子ども心にすごく面白かったので、興味が湧いたんだと思います

——自分が歌舞伎に出るんだ、とは思っていましたか？

■はい、ほかにも、その頃一番好きだったのは、『四《し》の切《きり》』【『義経千本桜』「川連《かわつら》法眼《ほうげん》館《やかた》の

場」、義経の家臣・佐藤忠信《ただのぶ》に狐が化身】です。家でよく真似をしていたそうです。

――狐の真似？（笑）どのへんですか？

■子どもなので飛び上がったり。母から真似していたよと言われました。保育園に行く前に、『吉野山』や『四の切』のビデオは、よく観ていた記憶はあります。今でこそ女形ですが、その頃は忠信のことばかり見ていました。初舞台より前ですね。

――いいですね、忠信をやるんだという憧れ。学校では、学芸会に出ていました？

■「ありとキリギリス」、全員出ないといけないので出ましたが、主役をやりたいとは言わなかったですね（笑）。

――学校では歌舞伎役者ということは内緒でした？

■やっていることは知られていました。小学校五年生くらいのとき、父が学校で、歌舞伎講座を一度してくれたことがありました。

――客席でそれを聞いていて、照れくさくなかったですか？

■そこで僕の写真を使われたのは恥ずかしかったですね（笑）。

――どんな写真を？

■たしか（坂東）三津五郎のおじさまの襲名で、『め組の喧嘩』【鳶《とび》と力士のいざこざ】に出た時の写真です。少年の鳶の役で、（中村）梅枝にいさん、（中村）萬太郎にいさん、（坂東）巳之助にいさんと四人で出たことがあって。

「気持ちでやりな」

——変声期はいつ頃でしょう?

■中学に入ったくらいから声変わりが始まりました。十二歳の時『文七元結《ぶんしちもっとい》』のお久《ひさ》【貧乏左官・長兵衛の娘】だったのですが（二〇〇三年十月平成中村座）、まったく声が出なくて。どう出したら良いのかということを毎日、車の中で父に稽古してもらって、それから舞台に上がっていました。

——（中村）勘三郎さんは何と言っていましたか?

■勘三郎のおじさまは、細かいことは抜きに、とにかく「いいんだよ、気持ちでやりな」ということだけおっしゃってくださいました。「お父さん、うるさいねえ、うるさすぎるよ」とも。父がとやかく言うぶん、気を遣ってくださったんだと思います。

——やさしいですねえ、叱られていることを知っていて。

■皆の前でも叱るので。（周りから）「お父さんがやったら？」なんて言われていました。

――基本的なことはお父さんが教えてくれて。

■お久の時は、（波乃《なみの》）久里子《くりこ》ねえさん（女優、勘三郎の姉）に教わりに行きました。その時も、「気持ちでやる」ということを教わりました。

――ご姉弟《きょうだい》で同じなんですね。

■「こういう気持ちのときはこう、こっちを見るでしょ」、と手取り足取り。

――良い芝居ですよね。

■勘三郎のおじさまと同じ舞台に立てたことはすごく嬉しかったですし、自分では、できていたかわからなかったですが、おじさまがその日その日で、涙を流してくださることもありました。いつもと違うなと思えた時は、良くできていたのかなと思ったり。

最高身長

――忠信をやりたかった子が、将来は女形、と決めたのはいつ頃ですか？

■ちょうどその頃だったと思います。踊りのお稽古でも女形が続いていましたし。それこそお久をやった時に、（中村）福助のおにいさんが、六代目の（尾上）梅幸《ばいこう》さんの『梅《うめ》の下風《したかぜ》 六世尾上梅幸藝談《げいだん》逸話集』を読んでごらん、とくださいました。

——六代目梅幸さんは、さっぱりして、粋な女形さんですね。

■わりと当時の人として身長が高いということでした。

——身長の話は伺おうと思っていました。いつ頃からそんなに大きく？

■もう小学校の頃から大きくて、後ろのほうでした。

——いま何センチ？

■一七八センチくらいです。

——いまの女形の最高身長は誰ですか？

■それは間違いなく僕ですね（笑）。意識されたくないことではあります。

——その体型だったら男という声もあったでしょう。

■でも、立役をやるには細すぎるので、どちらを選ぶにも、デメリットはあったんです。女形が大変だから立役にと簡単に変われるものではありませんし、今から始めるとなると、立役をやってきていないハンデはずっとつきまとうだろうと。

音を立てて息を吸え

――二〇一五年でも、千崎弥五郎【『四谷怪談』の忠臣蔵討ち入り場面】や多三郎【『お染の七役』の油屋・二枚目】などもやられていますが、気分が晴れますか？

■ものによりますが（笑）、多三郎は女形もたまにやる二枚目役ですし、女形と気分が変わり、たまにさせていただくのはすごく楽しいですね。千崎は、だいぶ恥ずかしいといいますか（笑）、言うほど何もしていませんけれど【浪士のひとり】。久しぶりに白塗りじゃない立役をさせていただいて、次は何年後になるかという感じでした（笑）。

――どんどん良いお役がついたものの、「手も足も出ない」という経験は？

■変声期は、客席に届くように声を出すこと自体、苦労しました。初めてコクーン歌舞伎に出させていただいた時、『四谷怪談』でお梅【お岩の夫に恋したため、無惨に死ぬ】をさせていただいて、古典のようにお手本がなく、自分で作る力も引き出しもないわけです。新作で、「はい自分でやって」と言われても何もできなくて。演出の串田和美さんには、「息を吸うときに音を立てて吸って」と言われました。お梅の伊藤家を異常な家族として描こうとしていたのですが、理解できていなくて、すごく苦しんだ記憶があります。

――歌舞伎の型で演じ分けるのではない難しさということでしょうか。

■よりリアルなお芝居が求められる中で、お久の時から、「気持ちでやるんだ」と教わっていて、やっていたつもりでも、そう見えないと意味がないというところがあって、すごく悩みました。成長過程で、一つの転機を作ってくださったのは、やはり串田さんですね。

怒り狂う彌十郎

――お父さんは、このところの存在感、すごいですね。新悟さんが悩んでいたお梅の時は、何かアドバイスがありましたか？

■父は、その頃はとにかく怒り狂っていましたね（笑）。もう子どもではない、でもまだ、半人前にすら届いていない。舞台のことも、周りのこともすべてできていない、わかっていない頃なのに、お役をやらせてもらえていることに、「示しをつける」ような意味合いもあったと思います。

――人に聞こえるように怒る。あの彌十郎さんが！　怖いでしょうね（笑）。

■まあ、端から見たら、すごく温厚で柔和な人と思っている方はけっこういますが、そういうわけではない（笑）。

――（笑）でも、反発はしない？

■できていないことはわかっていたので、反発しようがないですよね。悔しいですが。

――辞めてやろうというのは？

■それはなかったです。辞めたところで、自分には何もできない。その時点で自分は歌舞伎役者になるしかないと、さすがにそれは思っていましたので。高校一年でした。

――私生活については？

■それも言われました。「部屋を綺麗にしろ」とか、食事のマナーとか一般的なことですね。ただ、女形で色々な役をさせていただくようになってから、父は立役なので、お役のことで言われることは、なくなってきています。

「ちゃんとやらないほうが良いよ」

――十代後半から二十代にかけては、どなたに習ったのですか？

■よく見てくださったのは、福助のおにいさんですね。見て気づいたことは親身になって

細かく教えてくださって、すごく有り難かったです、

――**特に胸に残っている言葉などはありますか？**

■冗談めいたことですが、来月何の役をやるのかと聞かれて、立役のお役を言ったら、「ちゃんとやらないほうが良いよ」と（笑）。女形の役が来なくなってしまうから。

――**一面の真理だと思います。**

■それくらい、女形ひとすじに考えていたということだと思いました。お役を教わったのは、『熊谷陣屋《くまがいじんや》』の藤の方【平敦盛《あつもり》の母】です。手はここに置いたら良い、などの細かい形のことから心構えまで、とても丁寧に教えてくださいました。

浅草メンバー

――**二〇一六年の一月から、新春浅草歌舞伎の主要メンバーに。入りたかったでしょう？**

■浅草は、中学一年生の時に初めて出させていただいてから三回ほど。でも、いつかは自分もここでという思いで見ていました。初めての時は（中村）獅童にいさん、（市川）猿之助にいさん、（中村）勘九郎にいさん、（中村）七之助にいさんらが中心でした。

――そして、僕らの世代が来たという感じでしょうか。

■同世代といつか出たいと思っていたことがようやく叶って。やるとしたらどういうものをやろうかと、よく話していました。

――前年の七人組には入っていなかった。

■すごく悔しかったです。

――それで、ポスターの撮影でトランポリンに乗ったんですね。弾む気持ち？

■（笑）。どうですかね、どういう格好で写ろうか、そればかり考えていました。その場で初めて言われたので。自由にと言われたので、女形っぽくしたほうが良いのかとか、色々考えました。

――写真ポーズの出来栄えは誰が勝っていましたか？

■（中村）米吉くんですね。おいしいと言いますか。自分をよくわかっているなと（笑）。

念願の『四の切』

――二〇一五年以降、嬉しかった役を聞きましょう。

■『魚屋宗五郎《さかなやそうごろう》』（五月平成中村座）のおなぎ【惨殺されたお蔦《つた》の召使《めしつかい》】をやらせていただいて、嬉しかったですね。（尾上）菊之助のにいさんに教わりました。宗五郎は勘九郎にいさんがなさっていて、もともと勘三郎のおじさまがすごく大事にされていたお芝居で、宗五郎の家に出てくる人間は、チームといいますか、連携がすごく大事になってくる。勘九郎にいさんにとっても初役で、これから何度となくなさる役の最初のメンバーで出させていただいて、嬉しかったです。

――またあれは、茶屋娘おしげ、おなぎ、おはま、と出世してゆくコースですね。

■おなぎとおしげ、ダブルキャストで勤めていました。中日《なかび》で交代して。

――この家の妹が殺された現場に居合わせて、それを報告しにいくという役目です。

■おこがましいかもしれませんが、入りやすいお役だと思いました。ひとつ教わったのは、一番辛いのは宗五郎の家族だということです。僕はあくまでも召使として、あまり嘆き悲しみすぎず、遠慮しないといけない。一歩下がる役で、でも長セリフもあってしどころもあって、やっているうちにすごく好きな役になっていって。出すところは出して引くところは引く、自分に合っていると思いました。

――大きい駄目は出なかった？

■菊之助のにいさんには、色々なことを言っていただきました。一挙手一投足に至るまで、長セリフの時の手の置き所だったり、セリフの間の取り方であったり、お茶を飲むタイミングなど、とても具体的に教えてくださいました。

――禁酒の家に角樽《つのだる》持参！　おなぎが原因で騒動が起きます。

■だから、「悲しみを、どんどんあおって、あおって」ということは言われました。

――次に嬉しかったのは？

■静御前（『義経千本桜』、二〇一六年一月浅草）は初役でした、やりたかった役です。『四の切』という芝居に出させていただくのも初めてで、すごく嬉しかったです。

――少年時代から憧れた芝居の、登場人物になれましたね。誰に習ったのですか？

■（中村）雀右衛門《じゃくえもん》のおにいさんです。忠信役の（尾上）松也にいさんが音羽屋型でやるということで、伺いに行きました。

――雀右衛門さんの教えはどうでしたか。

■あまり教えていただいたことがなかったので、けっこう突っ込んで聞いた方がいいなと。

――自分で疑問を持たなければいけない。

■「ここはどうするんでしょう」と詳しく伺うと、「これはね」と教えてくださいました。

はるか高みの芸

――一番厳しかった師匠は誰でしたか?

■(坂東)三津五郎のおじさまには、踊りに関しては、すごく言われました。今思えば、同じ大和屋《やまとや》(坂東家)ということで、言ってくださったのかと思います。

――そんな踊りじゃ駄目だよと。

■そうです。厳しい御言葉もたくさん頂戴しましたし、初めて『三人吉三《さんにんきちさ》』のおとせ【夜鷹《よたか》】をやらせていただいた時、おじさまに聞きに行って、その時、「世話物《せわもの》というものは教えて教えられるものではないが、たとえば深川の江戸資料館に行ったりして、生活背景を感じ取ることなどが大事だよ」と、世話物に対する心構えといいますか、お役を通り越えての教えを頂戴しました。

――玉三郎さんにも教わったのですか?

■玉三郎のおじさまには二〇一五年、「やごの会」(彌十郎との親子勉強会)の時に、墨染《すみぞめ》【『関の扉《せきのと》』、常磐津の舞踊劇・傾城《けいせい》実は桜の精】を一度見ていただきました。

――最高の指導。

■「やっぱりまだまだね、踊りも、芝居のようにやりなさい」と言われました。はるか高みにいらっしゃるなと。自分が如何にできないのかという現実を突きつけられました。

阿毛斗は男か女か

――『阿弖流為《あてるい》』（歌舞伎NEXT、二〇一五年七月）では阿毛斗《あけと》。シネマ歌舞伎になったものは観ましたか？

■はい。映像で見返すと迫力がありますが、自分のところは観たくはないですね（笑）。

――まったくの異文化に触れたという意識はありますか？

■（演出家の）いのうえひでのりさんとは初めてでしたが、ご自身で立って、ここのセリフはこうと、役者を動かしてみて修正していくやり方でした。型があってそこに気持ちを持って行くという意味では、歌舞伎と近いのかもしれません。ただ、何もおっしゃらないことも多かったので、自分で作っていかないとまずいなという危機感は感じていて、人のセリフにやたらに反応するだけでなく、どうしたら存在感が出せるか、その兼ね合いを考えました。

――あの役は女性ですが、背も腰も伸ばしていました。

■最初のうちは困惑しましたね。かえって縮こまってしまいがちというか。

――そもそも衣裳がそうなっています。

■堂々としていないと役として成立しなくなるので、ふっきってやれるようになりました。（市川）染五郎のにいさんにも、「女の役といっても、足も狭めなくていい。がっつり開いても、女性に見えるから大丈夫」と言われて。

――あれは靴ですか？

■地下足袋シューズみたいなものでした。歌舞伎の舞台だと少し滑るほうがいいのですが、あの靴だとキュッと止まるので、すごくやりづらかったです。

――歌舞伎の女形は足を滑らせながらやるものが多い、でも、その技法が使えなかった。

■まったく別です。慣れるまですごく時間がかかりました。

――再演もできて、役は練り直しました？

■だいぶ変えました。色々な人に男か女か聞かれるので、中性的な面は残しつつ、女性の弱い面も出るように、声をちょっと変えたりとか。立ち回りも、アクション監督に毎日聞きながらやって、これだという動きがようやく見つかって、再演の大阪松竹座で、納得のいく動きができたかなと。

一生の宝物

――亡くなった勘三郎さんも、新悟さんには大切な方でしたね。

■はい。『俊寛《しゅんかん》』（流罪《るざい》の僧）の千鳥《ちどり》（海女《あま》）は思い出深くて、中村屋のおじさまに教わった数少ないお役です。

――手取り足取り教わったんですね。

■はい、教えていただいて、かつ、おじさまの俊寛でやらせていただいたので、おじさまの手の感触などが残っていますから、それは忘れられません。二〇一五年も（中村）橋之助のにいさん（当時）と、大阪の中村座でさせていただけることになり、それで、偲ぶ思いで、以前と同じように、（中村）鶴松《つるまつ》くん（勘三郎の部屋子）とダブルキャストで千鳥をやろうと言ってくださいました。

――教わったことが、よみがえりますね。

■橋之助のにいさんも、言葉にすると当たり前ですが、すごく気持ちを込めてくださって。

最後の日に、本当はそんなことしないんですが、俊寛を鬼界ケ島《きかいがしま》に残して千鳥が舟に乗るところ、いつもなら突き放すだけのところを、突き飛ばす前にぎゅっと抱きしめてから突き飛ばしてくださった。それがすごく……。

――ああ、勘三郎さんもしなかったことですね。

▩はい、でも、その思いは一緒だなという気がしました。すごく有り難く感じました。

――いい思い出話。泣けてきました。……では、形ある宝物はなんですか？

▩中村屋のおじさまが亡くなった日が、僕の誕生日だったんです。十二月五日。まさに勘九郎にいさんの襲名の場でした。朝、その報《しら》せが届いて、ご挨拶に伺ったら、「そんなことよりさ、誕生日おめでとう」と、ご自分のお父様が亡くなられている時に、人の誕生日を気遣ってプレゼントをくださったんです。それはもう、なんとも言えない……。嬉しいより、なんで？　という……。七之助にいさんからはコートをいただいて、勘九郎にいさんからは手袋をいただきました。それは一生の宝物です。

（平成二十八年四月二十日　於明治座近辺喫茶店）

さとりの新風

坂東好太郎《ばんどうこうたろう》に間に合っている。新悟の祖父だ。二枚目映画スターから歌舞伎の古巣に戻った。その子息が吉弥そして彌十郎。兄・吉弥はかすれた声と切れの良い脇の役が魅力的だった。弟・彌十郎は19歳も違う。軽井沢の猿之助（猿翁）道場で稽古に汗を流していた姿が目に残る。新悟を語る前、ここまで必要。これが歌舞伎の世界だ。血脈のいくばくかを見物は役者の中に探ろうとする。長身は父譲りだが、個性的な鼻梁は祖父の若き日のポスターやブロマイドからも知れる。

女形の修業は骨格成長との戦いかもしれない。身の丈だけでなく顔形もそうだ。10代は誰しもそうだが、人相が定まらない。化粧をしてもキレイに見えない。その一人だった新悟が変わったのは、2014年あたりからだが、特に目を引いたのが2015年歌舞伎座納涼歌舞伎の『おちくぼ物語』。おちくぼの君に仕える阿漕《あこぎ》が良かった。セリフも良いが、何よりキレイに。巳之助との夫婦のつり合いも勉強していた。自信が顔や姿を一新させたのだろう。彌十郎が笛を吹く芸熱心も光った。落語家の桂米助が新悟ファンと知っていたので、知らせたら「その通り急成長」の返信が。名前の通り、悟りながら父祖とは違う新しい道を歩んでいる。

尾上右近【おのえ　うこん】

血が騒ぐ好漢

音羽屋（おとわや）。平成4年5月28日生。七代目清元延壽太夫の次男。曾祖父は六代目尾上菊五郎、母方の祖父は俳優・鶴田浩二。12年4月歌舞伎座『舞鶴雪月花』の松虫で岡村研佑の名で初舞台。17年1月尾上菊五郎の部屋子となり、新橋演舞場『人情噺文七元結』の長兵衛娘お久、『喜撰』の所化で二代目尾上右近を襲名。22年1月国立劇場特別賞。

三つ子の教え

——まず二〇一五年の自主公演（「第一回　研《けん》の會《かい》」で『吉野山』と『春興鏡獅子《しゅんきょうかがみじし》』、八月国立劇場）についてですが、『鏡獅子』は第一回にと温めていたのでしょうか？

■はい、三歳頃に見た曾祖父（六代目菊五郎）の映画『鏡獅子』がきっかけとなってお芝居に興味を持って、『鏡獅子』をやりたいがために歌舞伎を観はじめたほど、思い入れがありました。

——そんなに小さい頃！　あのモノクロの映画（一九三六年・小津安二郎監督）ですね？

■はい。それで、踊りのお稽古に行かないとできないよと言われて、行ってみたら踊りが面白くて、どんどん興味の視野が広がっていきました。そして、当時よく観ていたお芝居は父（七代目清元延壽太夫《きよもとえんじゅだゆう》）が出演するものが必然的に多かったので、初めての生の舞台の記憶が『吉野山』なんです。（早見《はやみの》）藤太《とうた》【敵方の道化役】が出てきて、トンボを返っている（宙返り）人の姿がすごく印象的で。（佐藤）忠信《ただのぶ》も、ああ、格好良い、やりたいなとずっと思っていたんです。それが幼い頃の夢で、それも合わせて実現できたこと、（市川）猿之助さんに出ていただけたというのも大きなことでした。

――猿之助さんが忠信で、右近さんは静御前だと勘違いしていました。

■そこです、周りの僕への印象、キャラ設定が違っていて、実は立役もさせていただきたいんです。

逆算して取り組みました

――憧れの『鏡獅子』ですが、前半の弥生《やよい》【奥御殿に勤める娘】の踊りは大変でしょう？

■死ぬほど大変ですね。何と言ったらいいか、針で突かれているのに、痛くないと我慢する感じと言いますか。どんどん辛くなっていくんですが、それでも、涼しげにやらなければいけない。精神的に大変です。特に、花道の引っ込みがしんどいです。倒れてから立ち上がるのが。最初、起き上がれなかったですから。どう立って良いのかわからなくて。体の支点、力点を意識して、引かれながら立つということを教えていただいて、前半の最後に怒涛の苦労が待っています。

――弥生が花道から鳥屋《とや》（揚幕の中）に入った時は、もう精も根も尽き果てて？

■もう、はあ、はあと（笑）。でも、天王寺屋のおじさま（五代目中村富十郎《とみじゅうろう》）など、ずいぶん晩年までなさっていたじゃないですか。「年を取ってから覚えても、できない。若い時にやって、身体が覚えているから今もできる。こんなにしんどい踊りはないよ」とおっしゃっていたということを伝え聞いて、それで若いうちにやっておこうと選んだんです。今後やり続けることを考えたら、逆算して、二十歳を越えた頃にはやり始めないと、体力と技術のバランスがかみ合わなくなると、十代の頃から思っていました。

「狐に見えない」

――『吉野山』の忠信も念願がかないましたね？

■はい、清元の家に生まれて、清元の踊りを一段勉強したいなという思いがありました。

――お父さんが清元を語ってくれたのは、周りから見たらうらやまれますね。

■ほかにあまり例はないと思います、違う職種で同じ舞台での共演。父は、はじめ出演をいやだと言っていて、なんとか出てほしい、いや、俺が出るのはおかしい、いや、出ていただかないと、と何度も伝えて、ようやく出るとなって、よし、気が変わらないうちに、チラシに刷っちゃおうと（笑）。

――二十代まで歌舞伎俳優だったお父さんには、まだ、早すぎるという思いもあったんでしょうか？

■親子でもライバルといいますか。素直にうんと言わないということもあると思います。

――役者として輝いていたけれど、清元の家を継がなければならない。悩まれたでしょう。

■自分がやりたかったことをやらせたい気持ちと、やれなかったことを息子はやっているという、色々な気持ちが交錯しているんでしょうが、それを含めて、僕は今こういう経験をできているということを有り難く受け止めて、やるしかないと思っています。

——舞台で父親の浄瑠璃が聞こえてくる。どういう思いですか？

■父の声はやはり自分にとって一番親しみ深い声なので、自然に受け取れたと思います。自分の中にあるものの中で演じていると言いますか。

——お父さんから『吉野山』へのアドバイスはありましたか？

■「忠信に見えない」と言われました。「なんだかわからないけど忠信じゃない」と。「要は狐になればいいんだ」と。どうしようと思いながら、イメージを膨らませて、これが限界というところまではやりましたが、できていないということなんでしょう。

——三回公演の何回目で近づけましたか？

■やっぱり最後でしょうか。切実にならないと、内面が出てくることがないんだと思いました。次にいつ忠信に会えるかわからないと思ったら、めいっぱいやるしかない。

——役がいとおしくなる。千穐楽《せんしゅうらく》と同じですね。

■寂しいんです。もう終わってしまうのかという。そんな思いが義経に対する忠信の気持ちとマッチしていく気がしました。

——猿之助さんと共演できた幸せがありますね

■出の前に猿之助にいさんが、「普段の歌舞伎は、皆を観に来た中の一人だけれど、この会は貴方を観に来ているから、それに百パーセントで応えようと思うと、逆に気で倒されてしまうよ」とおっしゃってくださった。その言葉が残っていて、僕の会だし、失敗しようが何をしようが別にいいんだ、と冷静に思うことができて、ある意味、楽になりました。

――猿之助さんがかつて勉強会で、倒されそうな気をはねのけてきた体験からですね。

■猿之助にいさんの芝居は、「お客様のため」を第一になさっていますが、熱狂する客席から、ご自身、静でいるためのフィルターを一枚、お持ちのように感じられるんです。

――役者としての立ち位置ということでしょうかね。

■そうです。離れて見る。世阿弥の「離見《りけん》の見《けん》」同様の感覚が、あるんだと思います。

六代目菊五郎と鶴田浩二

――六代目尾上菊五郎の曾孫《ひまご》ですよと言われるのはいやですか？

■いえ、いやではないです。

――清元延壽太夫家の血、鶴田浩二《つるたこうじ》（俳優）の血、これもすごい。

■最近歌舞伎を観始めた人は、六代目菊五郎といってもご存じない方が多いですよね。ただ、僕にとっては「お守り」のような存在です。母方の祖父、鶴田浩二も、四十代以上か、任侠映画が好きな人でないと知らないくらいになってきています。

――鶴田浩二さんの記憶はないんでしょう？

■ないです、亡くなったのが早かった（享年六十二歳）ですから。格好良いと思います、当時であの顔の整い方と雰囲気。

――血を感じることはありますか？

■叔母や母には考え方が似ているといわれます。また頑固なところとか、あとは物音が嫌いとか（笑）。食器が当たる音とかが嫌いなんです。

――歌が大ヒットしたのは知っていますか？

■もちろん。歌わされたりします。それはさすがにいやです、上手くもないので（笑）。

マルコとサディちゃん

――ぶっとおしの二カ月（二〇一六年三月・四月）、『ワンピース』はいかがでしたか？

■歌舞伎役者の姿勢として、こういうことができません、ということであってはいけないと思って新しいことに取り組みました。

――あの役作りは、誰の注文ですか?

■猿之助にいさんのご注文が大きいです、こういうふうにやってほしい、あとは工夫して、という感じ。型にはめていくことはしたくないとおっしゃっていました。

――荷が重い役はどちらでした? マルコとサディでは。

■サディちゃん【女性看守で、サディスティックに鞭をふるう】のほうが難しかったです。

――マルコ【白ひげ海賊団のひとり・三階席から宙乗り登場】は得をしましたね。

■自分でやりたいと言ってもできることではありません。猿之助にいさんの御言葉があってできたと思います。

――宙乗りは初体験ですか?

■そうです。最初、怖かったですよ。お客さんが入っていないと、箱の中を飛ぶようで、怖いんです。お客さんがいると比較的大丈夫。下から宙乗りをすれば、全然怖くないはずですが、三階からなので、突然空中にさらされる感じですね。

――歓声がすごかったですよね。

■あんまり聞こえないんです。無我夢中、スローモーションに感じます。

――松竹座と博多座では眺めも違いますよね？

■違います。面白いと思ったのは、博多座はすごく天井が高いので、僕は一番高いところを飛んだほうが効果的と思ったのですが、猿之助にいさんは、「高さがある劇場だと、天井と中間くらいを飛んだ方が、空間を飛んでいるように見える」とおっしゃったんです。それは全然、気がつきませんでした、やっぱり経験値ですね。だから、比較的狭い松竹座はなるべく高く飛んで、広い博多座は低めに、お客様の頭の上を飛ぶ気持ちで演じました。

――恐怖感はずっと一緒？

■慣れてきて、欲が出て、こうしたいなというのはありましたが、毎回ドキドキしました。足がつかないところで何かをするというのは、無意識にすごいストレスが体にかかるんだそうです。その中でするパフォーマンスは難しい仕事ですね。

お客さまが、引いていく……

――女形の修業時代、特に目に残っているものは何でしょう？

■たくさんありすぎますが、神谷町《かみやちょう》のおじさま（七代目中村芝翫《しかん》）の『藤娘』。最晩年、毎日拝見していました。存在が、まるで少女のようだなと。おじさまの踊りは何といっても自由です、お客様のためでもなく、自分のためでもなく。ただそこに、可憐な花が咲いているような存在感。どうしたらこうできるんだろうと思いました。その時『戻駕《もどりかご》』の禿《かむろ》をさせてもらっていて、おじさまが「子どもの役は年相応の子どもか、晩年の役者か、どっちかでないと良くない」とおっしゃられて。それで『藤娘』を拝見したら確かにそうだ、自分にはできないと思ってしまったんです。十六歳くらいで、一番中途半端な年。でもなんとかこれを観て乗り切ろうと思って、元気を出していた記憶があります。

――苦しい時期があったわけですね。

■思春期でした。声も出ない、お客様が引いていくのもわかる。どうしようと。

――女形が向いていないのかなと思いましたか？

■思いました、こんなにできないとは。役者を辞めた方がいいんじゃないかと思いました。

――家族には何も話さなかった？

■あまり言わなかったですね。あの頃は、本当に辛かったです。

「先に行くんじゃねえ」

――では先輩から、ためになった教えはありますか　叱られたことでもいいですが。

■鮮明に覚えているのは、何年前の團菊祭かはわかりませんが、『かっぽれ』【オールスターの出演者が踊る華やかな舞踊】に出ていて、子どもだったので楽しかったし、調子に乗っていたんです。それで、舞台が終わって楽屋のほうに引っ込むとき、うっかり僕が先頭を歩いてしまったんです。まずいと思って後ろをゆずって挨拶したんですが、（尾上）菊五郎のおじさまに、「お前、先行くんじゃねえぞ！」と怒られたのを一番覚えています。

――言われたら、忘れませんよね。自分でも気づいてはいたんですね。

■まずいとは思いましたが、遅かったです。小学校五年生くらいですね。

――それはもう、子役じゃないよ、役者だよ、という教えなんでしょうね。

■よく覚えています。怖かったなあ。

――あの方がそこまで怒るのは、人前でわざと言ってくださる。それがやさしさなんですね。陰で注意しただけでは身につかない。

■叱られた印象ではそれが一番です。

「余白」に憧れて

――二〇一六年の第二回「研の會」は『五・六段目』の（早野）勘平《かんぺい》【『忠臣蔵』、舅を殺したと勘違して切腹する】。次は芝居だという意気込みで選んだのですか？

■はい、菊五郎のおじさまに教えていただける役をやりたいと思ったことが大きな点ですね。

――天下一品の勘平ですからね。でも右近さんはおかる（女房）の方かと思っていました。

■おかるもやりたいですが、やっぱり勘平かな。六代目に対する憧れが、子どもの頃からずっと強いですから。

――今回、相手役のおかるは（中村）米吉さんですね？

■（中村）児太郎くんも、（中村）壱太郎さんも、おかる経験者ですが、米吉くんは同級生だし、一緒に勉強になればと。ずいぶん前から、「やってね」と言っていました。

――もう一本が『船弁慶《ふなべんけい》』。

■会を重ねていくうちにやりたいと思っていました。

――『船弁慶』は、静と知盛、対照的な二役です。直近では、菊五郎さん、勘三郎さんが

目に残っているのでしょうか。

■直に拝見した中ではそうですね。あとは、天王寺屋のおじさま（中村富十郎）の最晩年です。お若い頃のものをビデオなどで拝見しました。本当に素晴らしい。

――天王寺屋の素晴らしさって、なんでしょうね。

■どこまでも素直な御心じゃないでしょうか。作っていない。超絶技巧な上に、男らしい。そして存在が大きい。考えられないようなバランスと言いますか。

――芯の太い立役なんですよね。

■六代目はこういう感じだったんじゃないかと。『道成寺』などを拝見してもそう思います、女形をなさった時の柔らかさと気迫、それがあいまった感じ、すごいです。

――間近に見て憧れていた人、その足跡をなぞれるということはとても楽しみでしょう。

■ある方が天王寺屋のおじさまに教わった時「駄目だよ君、自分が感動していないよ、何か物を見て感動していないから、感動が全然出ていない。物にもっと感動しなさい」という駄目を出されたそうなんです。そう思って生きていらっしゃったんだなと感じます。

――あの方の見ている先に、何かがあるのですね。

■僕も「よく見ることが大事だ。一枚の絵でも、一時間見なさい」と教わりました。心が静かなんでしょう、雑音に流されないといいますか、静かに色々なことに感じ入っていらしたんだと思います。

――知盛の形相も、隈取《くまどり》がすごいのではなくて、身体の奥から沸々とにじむものがみえ、深い人生体験をしてこられたんだなと感じました。

■余白といいますか、ここまでやりきらない、かちっと決まりきらず、ちょっと崩しているというところが、また格好良いんです。好きですね。やりきらない余白。

――ご自身の課題は？

■ものによっては、動きすぎないということですね。

心地良い風に揺られて

――休みのときは、どんなことをしているのですか？

■プライベートでは旅行に行きました。（中村）種之助くんと、お伊勢さまと天河《てんかわ》神社。

――歌舞伎役者らしいといいますか、レトロといいますか（笑）。

■大変だったんです、二人で疲れ切って。お伊勢さまも全部廻ったんです、二見浦《ふたみがうら》も行きました。カップルしかいませんでしたが（笑）。彼は信心深くないですが、温泉が好きなので。まず天河のあと温泉に入って、翌朝から神宮に。スーツを着て正式参拝しました。

――一番の収穫は？

■伊雑宮《いざわのみや》という、神宮の奥宮があります。車でしか行けないような所ですが、静かで、アマテラスの奥宮。お伊勢さまに行くと、心地良い風が吹くんです、気が揺らぐ感じがして。

――山の霊気ですね。そして横で種ちゃんは何も感じていない（笑）。

■いや、何か言っていましたよ、はあ、とか（笑）。

――貴方の信心深さはどこから？

■親父もそうですし、この世界は、信心深い方は多いと思います。

――自分たち以外の何かに守られているという感覚。その力があるから踊れるのかな？

■意識してはいませんが、先祖に対する思い、一人じゃないという思いは確かにあります。僕が神社などに行き、その土地の雰囲気の違いを味わうのが好きなのは、人に会っているような感覚に近いからなんですね。人と喋ってその人の感覚に触れる、そういう感覚を持ちながら寺社めぐりをするのが好きなんです。

――空気を感じるということですか。そういう行脚は巡業先でも？

■行きます。出雲も行ったんです、神在月《かみありづき》でした。朝がいいですよね。いずれ富士山に登って、ご来光も拝みたいと思います。

右のひと

――ところで、どうして右近という名前になったのでしたか？

■尾上九朗右衛門（六代目の次男）の幼名ということで。どうしようかという時に、九朗右衛門のおじさまが亡くなったんです。その名前が絶えてしまうのも、というので、自然と襲名することに決まりました。

――みんな、本名・研佑《けんすけ》からケンケンと言っていますね。

■そうですね、右近さん、右近くんと呼ばれることのほうが少ない。

――やっぱり市川右近さんがいるからでしょうか？（余談ながら二〇一七年に市川右近は三代目市川右團次を襲名するものの、子息が二代目・右近〔！〕で初舞台）

■それはあるかと思います。

――ケンスケ、研佑の「佑」の字の中にも、「右」が入っているんですよ。

■確かに。気づかなかった！

――**一生つきまとう名前です。「研」のほうは研磨、磨く。あと、「剣」という意味もあるんでしょうか。**

■そうですね、音としては、剣を磨くとか研ぐとか。研究するとか色々意味があって。あと、これはまったくの余談ですが、曾祖父・六代目さんの持っていた競争馬の名前が、全部「ケン」と付いていたそうです。さしてさして、さしまくる、突いて突いて、突きまくる、シャレですよね。だからそうしたらしいです。自分で調べました。

――**今日の発見は、本名にも右近の「右」の字が入っていること**（笑）。

■そうでした、芸名と照らし合わしたことはなかったので、気づきませんでした。ありがとうございます（笑）。

（平成二十八年五月十日　於松竹本社会議室）

3Kのひと

右近を語るとき、父、清元延壽太夫を避けて通れない。30年前、まさに花形トークの常連だった岡村清太郎その人だから。歌舞伎や大河ドラマ子役で活躍し、従兄の勘九郎（当時）と席を並べ芝居話を語り合った思い出がある。それが、いつしか清元の七代目家元となって舞台に美声を響かせ、梅吉派との88年ぶり清元合同演奏会も実現させる手腕も見せる、長男、昂洋も三味線方として活躍。

次男・右近は少年時代から目だっていた。利発な様子と礼儀正しさにはびっくりしたものだ。『雪月花』という舞踊の松虫の子が可愛かった。それが『鏡獅子』『船弁慶』を踊る意欲を見せるまでの青年になったのだ。

第2回「研の会」初日では知盛亡霊の登場直後、長刀が折れた。聞けば出てすぐのカマエで折ったという。だが落ち着いて半分の柄で花道を乗り切った。前シテの静も初役とは思えぬ清らな艶やかさだった。『六段目』の勘平は段取りで手いっぱいだが、稽古だけでは追いつけぬ芸の奥行きを学んだことだろう。

望む役に立ち向かう潔さの「潔」と役の清新さ、清元の「清」。そして本名研佑の「研」。そんな3Kを大切に持ち続けてほしい。

大谷廣太郎【おおたに　ひろたろう】

曾祖父を目指す明石屋の担い手

明石屋（あかしや）。平成4年6月10日生。大谷友右衛門の長男。祖父は四代目中村雀右衛門。曾祖父は六代目大谷友右衛門。弟は廣松（224頁）。8年11月歌舞伎座『土蜘』の石神で青木政憲の名で初お目見得。15年1月歌舞伎座『助六』の禿で三代目大谷廣太郎を襲名し初舞台。24年6月国立劇場特別賞。

名題試験と名題披露

——二〇一五年の正月は、皆さん色々な思いがあります。廣太郎さんは？

■はい、『金閣寺』【天下を望む松永大膳が雪姫らを金閣寺に幽閉する】の松永大膳の弟役、鬼藤太《きとうだ》が、初めての大きなお役だったと思うのです（歌舞伎座）。（市川）染五郎にいさんの大膳です。あれは一つの大きな節目でした。名題《なだい》（歌舞伎俳優の位。俳優協会の資格審査に合格しなければならない）になったということもありますし、何と言っても「一月の歌舞伎座」で鬼藤太をできるというのは僕にとってすごく嬉しかったことです。一月は浅草公会堂で、同世代が出し物をやっているなか、歌舞伎座で出来る、すごく嬉しかったです。

――名題試験は難しいと聞きますが、どういうものなんでしょう？

■すっごく怖かった（笑）。特にその時は、「趣向の華」（染五郎・藤間勘十郎・尾上菊之丞が主催した若手勉強会）のファイナル公演があって、精神的に追われていました。死んでいました（笑）。

――それは、受けなさいと言われて受けるものなの？

■数年に一回なので、タイミングが合えばチャンスはあるのです。皆が受けるとなって、自分も受けたい、受けなきゃと思いました。前の回には（中村）歌昇さんや（坂東）新悟さんらの世代までが受けられていて、次は、僕らから弟（廣松）くらいまでの世代が受けることになりました。幹部お一人の推薦状が必要ですので、高麗屋《こうらいや》のおじさま（松本幸四郎）にお願いに行きました。

――一般の社会人でも昇進試験などがありますが、「試験」いうことば、何歳になっても、プレッシャーですよね？

■駄目です、いつも緊張しています。怖いですよ、皆さん見ているんですから（笑）。

――合格して嬉しいのは役がつくことですね。

■そうです、「名題披露」という形で出させてもらえることになりましたので。

――歌舞伎座の『金閣寺』ですからね。そして二〇一六年、叔父さん（中村雀右衛門《じゃくえもん》）の襲名披露での『金閣寺』も観ることができた。

■懐かしいと思いながら拝見していました。

池袋に十六年通う

――お父さん（大谷友右衛門）からは、貴方は長男だから跡継ぎ、と言われて育ったのですか？

■それはまったくないです。僕にも弟にも、自分が好きなことをやりなさいと。それが歌舞伎じゃなくても良いと。

――中高生の頃、歌舞伎以外の仕事をやりたいとは？

■普通にサラリーマンになりたいとは思いました。単に普通のことをやりたくなる時期があったんでしょうね。でも、その頃も稽古をしていましたし、歌舞伎をやるんだろうなと。

――大学はご自身の意志で行ったのですか？　迷うことはありませんでした？

■高校の途中から、芝居に行く気持ちはありました。大学も行ければ良いとは思っていましたが、父には、学業は後でもできるから、あくまで仕事を最優先でというふうには伝えていました。結局、学業は全然できませんでしたが。

――学校に魅力は感じなかった？

■いいえ、魅力はありました、小学校から高校と通った立教はずっとエスカレーターで、コミュニティも狭かったのですが、大学に行くと半数くらいは新しい人が入ってきた。お客様を増やすのも僕らの仕事ですので、友だちを作ろう、世界を広げようと大学に行ったのです。そちらの理由のほうが強かったですね。

――新しい友だちはできましたか？

■ええ、観に来たりしてくれます。福井とか広島など地方の同級生もできました。

――小学校から十六年も通った池袋は大切な町ですね。

■そうです、新宿より渋谷より、第二のホームタウンだと思っています。

得たものが多い「趣向の華」

――歌舞伎に進むか悩んだ頃もありましたが、変わったのはどのタイミングですか？

■やはり「趣向の華」です。染五郎にいさんらがプロデュースして、六、七年続いたと思います。若手で長唄もやって踊りもやって、御宗家（藤間勘十郎）の新作歌舞伎も扮装せず素顔で演じたり、普通の芝居に出るのとはまた違った面白さがあって、稽古をしていても楽しいと思えたので、このままこれを一生の仕事にできると思いました。

――この公演のおかげで、皆さんのお顔がわかるようになりました。素顔でしたね。

■大変でしたが、得た物は多かったです。

――六、七年やった中で、一番自分に当たった役は何ですか？

■皆に言われるのは、三回目か四回目で、稽古の時に石を投げる方向を間違えたのが皆のツボに入ったらしく（笑）、そこから僕は三枚目路線にいくという流れになったんです。台本通りにやったんですが、そちらに誰もいない。僕が間違えたことになっていて（笑）。そこから御宗家やほかの方々が、廣太郎はこちらの路線で行こうと、三枚目のものを書いてくださるようになった。

――涎《よだれ》くり【『寺子屋』の滑稽な少年】もやりましたが、難しいでしょう？

■好きですが、やはり気は遣いますね。「寺入り」【犠牲になる小太郎が寺子屋に入門する場面】からやって、上方訛りもあるし、子どもらしい感じを出すのは、大変でした。

――最初の涎くり、二〇一五年ですから、二十二、三歳でやられたわけですね。

■今度（二〇一六年十月）もやるんです、松嶋屋のおじさま（片岡仁左衛門）の松王で。

――その仁左衛門さんの襲名の時は、亡くなった勘三郎さんがなさったのですよ。

■すごく緊張すると思います。初めてなんです、松嶋屋のおじさまとご一緒するのが。

――脅かしておきます（笑）。

■やめてください（笑）

――今、一瞬、きりっとした顔、お父さんそっくりだった（笑）。

■けっこう言われます。特に顔（化粧）をすると似ていると言われます。

「すごいのひとこと」アテルイ体験

――『金閣寺』から始まった二〇一五年は、廣太郎さんにとっても、やはり変わり目だっ

たと思いますか？

■はい。『阿弖流為《あてるい》』（歌舞伎NEXT・七月新橋演舞場、十月大阪松竹座）の飛連通《ひれんつう》【坂上田村麻呂の家来】も、させていただきました。シネマ歌舞伎にもなったのですが、客観的にはなかなか見ることができませんでした。自分のいやなところが見えて。

――でも、自分では出し切った役でしょう。

■そうですね、自己採点は低いですが、限界までやりました。

――二十三歳の限界。駄目は出ましたか？

■たくさん出ました。まずセリフ回しが違う。歌舞伎だけれど歌舞伎じゃない。テンポも違う。演出の、いのうえひでのりさんにも言われ続けました、声の出し方が違う。殺陣《たて》も、こんな立ち廻りは見たことも聞いたこともないという感じでした。

――履き物も舞台床も違いますよね。滑りませんでした？

■逆に滑らなくてやりづらかったです。でも歌舞伎の所作板《しょさいた》みたいにすると、一般の俳優さんの立ち廻りグループは、滑って危ない。十月の松竹座では、みんな怪我をしていました。走ることが多くて、急停止と急発進が負担になって、僕は足首を痛めました。

――新しい芝居は話題になりますが、歌舞伎俳優にとっては、やりにくい面もある。

■そうですね。でも、楽しかったですよ。駄目はめちゃくちゃ出ましたが（笑）。台本は言われたところにチェックしていたら付箋だらけになりました。

――大阪での再演もあって、課題はクリアできましたか？

■自分ではある程度できたと思っていますが、どうでしょう。それよりも、（中村）勘九郎にいさん、（中村）七之助にいさんと普段ご一緒することがあまりないので、それがまず新鮮でした。そこでずっと一緒にやれたという。

――皆さんの世代より一回り上の勘九郎さん・七之助さん、今とにかく突っ走っています。共演して、この二人から感じたことはどんなことですか？

■とにかく何でもこなせるのがすごいと思います。しかも、染五郎にいさんとおふたりは、特に動きが多い役で、稽古からずっと見ていましたが、立ち廻りなど、習った次の日にはもう形になっている。すごいのひとことに尽きます。

――歌舞伎と違ってマイクを使うことは、抵抗がありましたか？

■ありました、マイク使ってもいいんだ、と。次の月の舞台が『紅葉狩《もみじがり》』で、もちろんマイクなしですから、この声の出し方で良いのかと不安になる時がありました。

――歌舞伎は、肉声です。声を出せと言われた体験も、歌舞伎に生きると思いますが。

■声の種類も、歌舞伎とはちょっと違うんです。マイクを通した声出しですので。染五郎にいさんが、汗でマイクを潰したこともありました。効果音が大きいんです。それでマイクを使わざるを得なくなる。

――今年はラスベガスも行ったんですね。染五郎さんがご一緒でした。いかがでした？

■大変でした。稽古期間がとにかく短くて、日本で三日くらい稽古して、向こうに行って一週間くらい現場で稽古、それで本番ですから。そもそも舞台の形状が違います。ホテルの中にある劇場で。歌舞伎公演ではあるのですが、『阿弖流為』の経験が活きた気がします。日本から別の殺陣師が来ていて、板の舞台でやりました。

――大変だったけど、行って良かったということは？

■まず、本水の立ち廻りができたということですね。

――初めて？

■初めてです。ただ、(中村) 隼人くんとやっていたんですが、隼人くんは前の月まで『ワンピース』で毎日やっていた。もう差がありすぎて (笑)。ラスベガスの大変だったところは、舞台に何も敷いてなかったので、絶対に滑って怪我する。新たに敷いてもまだ滑る、あと電気系統のトラブルもあって、ぎりぎりまで本水の立ち廻りができなかったんです。

襲名披露に列座できる喜び

■二〇一六年は叔父（雀右衛門）と一緒に、色々なところに出させていただいています。

――襲名が決まってから、特にこの一年ですね。ご自身の中でも、来るべき時が来たという感じでしょうか？

■いや、まだでしょうか。襲名が終わってどうなるかだと思います。

――九月の襲名披露の巡業公演では大役が待っていますね？

■叔父の襲名なので、巡業も『七段目』【『忠臣蔵』の茶屋場】の三人侍【塩谷家の浪士のひとり】かと思っていたら、『七段目』は「釣燈籠《つりどうろう》」【三人侍が登場する場面は前半部分で、後半部分の通称。釣燈籠の下で由良之助が密書を読む】からということで、『當年祝春駒《あたるとしいわうはるこま》』【長唄の舞踊劇・曽我兄弟の仇討がテーマ】で曽我五郎と言われ、大きなお役を頂戴できました。それに初めての『襲名披露口上』にも列座させていただけます。

――『春駒』は、お父さんの工藤祐経を敵と狙う曽我兄弟の五郎、弟さん（廣松）は十郎です。

■これまで、子ども歌舞伎や勉強会での経験はあるのです、『正札附根元草摺《しょうふだつきこんげんくさずり》』（二〇一五年十一月歌舞伎座「子供歌舞伎教室」）【曽我五郎の仇討にはやる心を鎧の草摺を引いて小林朝比奈の妹・舞鶴《まいつる》がとどめるので「草摺引《くさずりびき》」の通称も】でも五郎をやらせていただきました。でも、一カ月もやらせてもらえるのは、責任感も違います。

――荒事の立役ですから隈《くま》も取りますね。

■はい、それこそ『草摺』の時に、やっぱり五郎で隈を取りました。

――その時は隈を羽二重《はぶたえ》に写し取りましたか？（押隈《おしぐま》という）

■残っているはずです。その時も、染五郎にいさんにずっと見ていただいて、踊りは藤間勘祖先生や御宗家（藤間勘十郎）に見ていただいて、にいさんは本番も見てくださって。衣裳も前に回ってつけてくださいました、この衣裳を着せたいと思ってくださったんだと思います。

――大したものですね。

■たとえば『八犬伝《はっけんでん》』【『南総里見《なんそうさとみ》八犬伝』】の犬田小文吾《いぬたこぶんご》、あれは斉藤実盛《さねもり》（『実盛物語』）の衣裳なんですね、ご自分の憧れの役を僕が着ることになって、だからしっかり着ろ、と言いながら、着せてくださったこともありました。

――良いことです、着付けができるくらい、やりたい役への情熱がある。

■ええ、大きいお役の時は、にいさんは付きっきりで見てくださって、たとえば勉強会で『引窓《ひきまど》』の濡髪《ぬれがみ》【主筋のために殺人を犯してしまう力士】をやらせていただいた時も、セリフ回しから動きまで、同時に高麗屋のおじさまも、教えてくださいました。それを見て染五郎にいさんが、「六代目友右衛門のような線も行けるんだね」とおっしゃってくださって、すごく嬉しかったです。

――濡髪と言われた時は、ええ？と思いました？

■思いました、どちらかといえば、長吉【放駒・濡髪のライバルで若手の力士】とか、山崎屋与五郎【上方の放蕩息子】とか、そちらのほうでしょう。それが濡髪？と。

端敵《はがたき》・安達元右衛門

――将来的に、六代目友右衛門も目標ですね。鏡台には御写真は？

■曾祖父（六代目友右衛門）と、祖父（四代目雀右衛門）の写真を飾っています。祖父は、バイクにまたがっている有名な写真です（笑）。

――曾祖父《ひいおじい》さんの役で想定するのは何ですか？

■やっぱり、太い役をやってみたいです。でも一番やりたいのはずっと安達元右衛門《あだちもとえもん》【『天下茶屋《てんがぢゃや》』、敵討物の仇敵《きゅうてき》の仲間。端敵《はがたき》といい脇役だが四代目友右衛門が工夫した】ですと言っています。高校を卒業して大学に進学して、歌舞伎をやりますと言って、高麗屋のおじさまのもとで勉強させていただくことになり、初めて出させていただいたのが演舞場の『天下茶屋』でした。元右衛門をおじさまがなさっていて、明石屋に縁が深いお役でもありますので、なおさら目標が決まりました。

――その目標に到達するには、ステップが必要です。でも夢は大きく。ほかには?

■あとは、『素襖落《すおうおとし》』(竹本・長唄掛け合いの舞踊。狂言が原作・酒に酔って那須与一の物語を踊る)とかもやってみたいです。

――踊りはお好きなんですね。

■上手くはないですが、松羽目物(能・狂言由来の作品。背景に老松を描いた鏡板を模していることからの通称)の踊りは、やっていて楽しい、観ていて楽しい。

――与一の語りでしょう?

■そうです。高麗屋のおじさまもおやりになっていますし、染五郎にいさんが国立劇場の研修発表会でなさった時には、鈍太郎【太郎冠者の同輩の太刀持。太郎冠者が素襖を落としたので、主人である大名と、交替で隠し合う】をさせていただきましたので、どうしてもそちらに目がいきます。

「身体が、くの字になってるぞ」。

――『阿弖流為《あてるい》』以外でも足腰を傷めたそうですね？

■はい、以前の秀山祭《しゅうざんさい》（初代吉右衛門の俳号・秀山にちなみ、現在の吉右衛門が初代ゆかりの作品を上演・二〇一二年九月・歌舞伎座）の『馬盥《ばだらい》』で、行儀良くと意識して座っていました【武智光秀が小田春永から辱めを受ける間、出演者は息を飲んで長時間見守る】。長いので立つ時に足がしびれて、播磨屋のおじさまに抱きつきそうになるくらいよろけてしまって、そこはこらえたのですが、その後に足首を痛めて、そこから悪化して腰にきて。

――そのひと月はなんとかなったんですか？

■『馬盥』のあと、『娘道成寺』で所化《しょけ》（坊主でやはり座って入る役）、皆に、「体がくの字になってるぞ」って言われて。花道から落ちるんじゃないかと皆が思うくらい曲がっていたそうです。そこから『熊谷陣屋《くまがいじんや》』に出たり、舞台は続いていて……。

――どうやって治したのですか？

■注射を、すぐ打ちました。それで、時間はかかりましたが、少しずつ良くなって。今は大丈夫です。

「二度とないぞ」

――息抜きは何ですか？

■スポーツが好きなので、スポーツをしたり、野球観戦をしたり。小学校から高校の途中まで卓球をやっていました、でも大会に行ったわけでもなく、お遊び程度。仲間には負けませんが。あと野球はずっと好きなので、観たりやったり。

――プロ野球は？

■ヤクルトファンです。岩村（明憲）選手が好きでそこから入って。（市川）高麗蔵《こまぞう》さんや（坂東）亀三郎さんとよく話して。球場に行ったら傘を振っていますよ（笑）。みんな好きなんです。僕ら世代で言うと、（中村）壱太郎さん、（坂東）新悟さん、あと宗生《むねお》くん（中村福之助）もですね

――この本は　同世代十五人が揃い踏みです。多くの読者に、これだけは言っておきたいことはありますか？

▒はい、このまま色々な役をやっていきたいということはあります、一番やりたい元右衛門、それが一つの到達点だとして、それまで女形含め、二枚目、三枚目、何でもこなしたいのですが、若手の世代で、三枚目路線は僕のほかにあまりやる人はいないんです。だから、僕はおそらくその道を突き進むであろうかと。

――雀右衛門さん、友右衛門さんが名乗っていた廣太郎、大きい名前です。

▒今の廣太郎といえば、三枚目含め、色々な役をやる名前として、認識が広まるように頑張ります。

――今月の『名残の正月』（二〇一六年七月、大阪松竹座・坂田藤十郎の伊左衛門に雀右衛門**が夕霧で襲名披露）、すごいと思いました。坂田藤十郎さんの芝居を久々に観て。**

▒御宗家（藤間勘十郎）に言われました。「君たち兄弟が山城屋さんと踊れるなんて、二度とないぞ」と。普通あの顔ぶれならほかの先輩方がなさいますから。それを叔父の襲名だから僕ら兄弟が太鼓持ち（伊佐衛門を座敷でもてなす、幇間《ほうかん》）で出させていただける。出られるだけでも、本当に貴重な経験です。

――こんどは『春駒』、頑張ってください。

■はい。五郎ですから。五郎をやらせてもらえるのは、もしかして、前の『草摺』を観て、どなたかが、させてくれたかもしれない。だったらすごく嬉しいです。

（平成二十八年七月二十三日　於大阪松竹座貴賓室）

青木の新樹

松本幸四郎の息子、染五郎がどうして松本ではなく市川か。歌舞伎初心者は混乱する。同様で中村雀右衛門家には大谷友右衛門と中村芝雀という兄弟がいて屋号も明石屋と京屋。困惑の極みだ。だが「友右衛門」を「佐々木小次郎」の大ヒット映画で見た世代や、「髭の意休」「頓兵衛」など独特の悪役を思い出す世代もいるはずだ。昭和18年に亡くなった後者（六代目大谷友右衛門）を知ったのは、私のNHK初任地が鳥取だったからだ。昭和18年9月10日、鳥取大地震で大黒座が倒壊、その楽屋で圧死したのが四代目雀右衛門の父だと知った。江戸時代からの大名跡の宗家継承も決まっていた矢先の災難。それほどの名前を廣太郎の父は継承しているのだ。

廣太郎は、与えられた役からの地道な歩みをしていたが、叔父・芝雀の五代目雀右衛門襲名という大イベントを体験。そのおかげで、ふだんはできない大役がついている幸せを、じっと噛みしめてもらいたい。本人も、この「幸いのあと」からが勝負だと語っていた。

父と叔父という大きな傘のもと、また幸四郎家の縁戚として学べるチャンスはたくさんある。本名は青木姓。「明石屋ッ」の大きな掛け声が、芸の力で受け止められるような、青々とした新樹の成長を望んでいる。

中村種之助

【なかむら たねのすけ】

「初一念」を心に秘めて

播磨屋（はりまや）。平成5年2月22日生まれ。中村又五郎の次男。兄は歌昇（62頁）。11年2月歌舞伎座『盛綱陣屋』の小三郎で初代中村種之助を名のり初舞台。平成10年10月、13年1月国立劇場特別賞、27年11月同奨励賞。

「物置」で泣きながら

——小さい頃から稽古はしていましたか？

■踊りは御宗家（藤間勘十郎家）のところで。あとは鳴物（お囃子《はやし》）、長唄、義太夫、清元と順番に。

——セリフの稽古には浄瑠璃（義太夫や清元）が良いと聞いたことがありますが？

■（中村）吉右衛門のおじさんの影響ですね。本で読んだのですが、自分の声に苦労していた時期に、清元のお稽古をして、考え方や声の使い方が変わったということがあります。

あとは義太夫でしょうか。竹本葵太夫《あおいだゆう》さんに習っているのですが、義太夫のお稽古を役者が本当にやってしまうと喉に良くないから、稽古で気をつけてほしいのは、口の切り方（ことばの口さばき）と言われました。それと、役の心を摑むことですね。

――この人が何を考えているのかということが、義太夫には出てくるのですね。

■たとえば喧嘩場【『菅原伝授手習鑑《すがわらでんじゅてならいかがみ》』の『賀《が》の祝《いわい》』、父の古稀の祝いに兄弟喧嘩をする】ですと梅王、松王、それぞれの女房と四人の役を一人でやる（太夫が語り分ける）わけです、一人ひとり違う。男は皆どなっていて、女は高い声。それでも違いが出て、それを稽古していくのは、僕にとって本当にためになると思いました。

――嫌いだったお稽古は何ですか？

■小さい頃は踊りの稽古が嫌いでした。覚えが悪くて、「稽古場の物置で、ひとりで稽古しなさい」と言われて。泣きながら踊りましたね。

――でも、今では好きに？

■はい、体を動かすのが好きだったんですね。こんなに体の細かい部分まで気にしないといけないいんだ、音に乗って踊るのは楽しい、と思いました。僕は、自分の声は嫌いなので義太夫・清元の稽古は好きではないのですが（笑）、声より、身体へのだめ出しのほうが、納得できたのが大きかったです。

――踊りは『船弁慶《ふなべんけい》』という大曲にも挑戦しましたが、これから踊りたいものは？

■まず『供奴《ともやっこ》』でしょうか。『越後獅子』、『藤娘』、道成寺もの、うーん『四段返し』【『三社祭』の原作『弥生の花浅草祭』、神功皇后と武内宿祢から次々に人物が変わってゆく】……これもいいですね。みんないいです（笑）。

君、いくつなんだい？

――歌舞伎を職業にと思うようになったターニングポイントは何ですか。

■歌舞伎座のさよなら公演の時（二〇一〇年一月）、（中村）勘三郎のおじさんの『道成寺《どうじょうじ》』【『京鹿子娘道成寺《きょうがのこむすめどうじょうじ》』、舞踊の大曲・勘三郎の当り役】に、所化《しょけ》【寺の大勢の坊主】で出させてもらったんです。昔の歌舞伎座の揚幕《あげまく》（花道の登場するところの幕）に坊主全員が並んで待っている。そこに勘三郎のおじさん（白拍子《しらびょうし》・花子）がいらっしゃってから僕らが出る。おじさんは僕の顔を見ていつも、「みっちゃん（光照《みつてる》、父・又五郎の本名）そっくりだ」と言われる。僕のこと、はじめは認識されていなかったと思うんですが、「そっくりだ、息子なんでしょ、子どもの頃から一緒に過ごしてきた仲だから嬉しい」とおっしゃる。勘三郎のおじさんはテレビにもよく出ていたし、僕からしたら、歌舞伎役者というより歌舞伎もやっているすごい人、というイメージ。だから嬉しかったですね。でも中日《なかび》くらいに楽屋に呼ばれて、「セリフを言ってごらん、なんかちがうんだよね」、とだめ出しをくださったんです。「君、いまいくつなんだい」と言われ、十六、七歳でしたからそう答えましたが、「そうか、お父さんその頃もっと巧《うま》かったよ」と言われたんです。それで、父という存在が、どかんと入ってきたんです。

――勘三郎さんって、いいですねえ。

■本当に雲の上の存在。その勘三郎のおじさんが僕のことを気にしてくれて、身近な父が実は遠い存在で、けれども同じ舞台に僕が立っているんだなと再認識させられたんです。

兄・歌昇の正解

――お父さんの襲名公演（二〇一四年）は、重みが全然違ったでしょう？

■兄（中村歌昇）からも、「何でお前、そんな良い役をもうやっているんだ」と言われました（笑）。大人の役に復帰してすぐのことで、本当に恵まれたと思いました。

――嬉しかった役は何ですか？

■『勢獅子《きおいじし》』【清元の舞踊・祭礼の場面】の鳶《とび》の者《もの》も嬉しかったし、巡業の『角力場《すもうば》』で与五郎（相撲贔屓《すもうびいき》の若旦那）を、吉右衛門のおじさんの濡髪《ぬれがみ》【力士】と兄の長吉【濡髪のライバル】とでやらせていただいたのは、一番大きかったです。

――四歳上の兄さんは歌昇になってから、変わりました？

■兄の芝居はストレートで、パワープレイで、なんでももっと器用にやらないんだろうと思う面もあったのですが、それがある意味では正解なんだなと気づきました。

――小手先でやっては駄目なんですね

■吉右衛門のおじさんの（兄への）だめ出しを聞いて、なるほどと思って、でもそれを聞き出せたのは、ストレートにやった結果ですね。僕は慎重に慎重にやってしまう質《たち》なので。

――わかるわかる、次男の性質ですね、私も一緒です。（笑）。

■それで、怒られもしないけれど、何も言ってもらえない。その点、兄はすごいなと。鬼気迫る日々を体験して、襲名とはこういうことだと思いました。

――そんな襲名で、あなた自身もステップアップして、二〇一五年の一月あたりから……。

■二〇一五年は本当に、何が何だかという一年でした。その時はその月と翌月のことしか考えられませんでした。四天王【具体的な作品の役名というより、主役に仕える役の象徴的表現】ばかりやらせていただいたこれまでとは、本当に違う一年でした。

——その中で、特にこれというのは?

■正月の『猩々《しょうじょう》』【能を元にしためでたい舞踊】ですね。出し物(主役)をしました。

——初めて自分の出し物を。やはり俳優さんにとって格別のものなんでしょう。

■もう、押しつぶされそうでした(笑)。

——責任感で?

■はい。出し物をされる皆さんは、これだけのものを抱えて舞台に立つのかと。これまで自分は、吉右衛門のおじさんを観に来ているお客様に対して、芝居の流れの中に入って流れていただけで、僕がその流れを強くしたわけではないと感じましたね。

「女形もやっていったらいいよ」

——中国美女の牡丹(『幻想神空海』二〇一六年四月歌舞伎座)役は、びっくりしました。

■意外でした。（中村）米吉の妹分で、妓楼《ぎろう》の女性。こういう感じの女形というのはなかなか……。

――誰だろうと思ったら種之助さん！　立役がずっと続いていましたよね。

■そうですね、女形がいやだったわけではないんですけれど。以前から、吉右衛門のおじさんにも、女形もやっていったらいいよとおっしゃってもらっていたんです。二〇一六年一月も、舞踊で新造・松ヶ枝でした。今までは、女形は一年に一回くらいだったんですが。

――『勢獅子』以前は鳶《とび》で、二〇一六年は芸者さんです。

■今は、本当にどちらもやりたいと思っていて。ただやはり吉右衛門のおじさんや父の芝居を見ているので、憧れる役は立役のほうが多いのは確かです。

一年がかりの『船弁慶』

――二〇一五年、勉強会（第一回双蝶会《そうちょうかい》）。『船弁慶』は自分から提案を？

■もちろん！　この演目がやりたいと言ったのも自分たちです。

――誰に最初に言ったんですか？

■父です。父も思い入れのある演目なので、「いいんじゃないか」と。吉右衛門のおじさんに言う前に、御宗家（藤間勘十郎家）にお伝えしましたが、反対はされなくて。それから、おじさんに申し上げたら、「兄弟で同じようなことをやっていく必要はないからな」と意外にもおっしゃってくださった。同じものを継承していく必要はないと。

――それぞれのカラーですからね。

■播磨屋の作品だけではない、播磨屋らしさ・芸・精神を学べということでしょうか。

――『船弁慶』は、どなたの舞台を見てやりたいと思ったのですか？

■天王寺屋《てんのうじや》（五代目中村富十郎《とみじゅうろう》）さん、そして父です。父の襲名の時に南座で見て、（田中）傳左衛門《でんざえもん》さん（囃子《はやし》方）に、引っ込みが見たいので御簾《みす》の中（舞台下手の黒御簾《くろみす》）に入れてくださいとお願いして、いいよと言ってくださって、父を見ていました。その父は天王寺屋のおじさんに習ったと言っていたので、映像を見たら、衝撃でした。

――お父さんは、歌舞伎座での歌昇襲名披露（一九八一）でも演じました。

■その映像も見て、これまたすごいな、と。

――あの時はまだお若かったでしょう。

■確か二十六歳です。

――さあ稽古。何が大変だったですか？　最初の静御前から？

■はい、そうです。静を徹底的にやってから知盛をという形で、一年近くやりました。

――知盛は、海中から出現して足使いも超絶技巧、また長刀をダイナミックに使って義経に襲い掛かりますが、動けば良いというものでもありません。

■勘祖《かんそ》先生（藤間宗家）には、知盛に関しては「暴れてはいけない」と言われ、静は、踊りでなく舞なので、「しなってはいけない、女形らしさも出してはいけない」と言われました。正直、何もできなかったですね。それが一年前。父は静のとき、長絹《ちょうけん》（能装束）を着るんです、こんな袖があったら踊れないということも感じました。父の舞台も見てきていますし、この作品への思い入れは、人一倍強いんです。でも、そのわりには、自分は、まだ及ばない。「これは僕の知っている船弁慶じゃない！」というギャップ。それを埋めるのが大変でした。

――全部で三回公演のうち　一番納得できたたのは？

■最後の日でした。（市川）染五郎にいさんが義経で出ていて「三回目、良かったよ」と言ってくださった。一日目の本番で足を怪我してしまって、痛くて寝られなかった。それでも不思議なもので、集中できました。雑念がなくなって神様が味方してくれたんですね。

「涎《よだれ》くり」から出世して

――それで、今年（二〇一六年）の勉強会（双蝶会『車引《くるまびき》』『寺子屋』）ですが？

■はい、僕の意見をかなり押し通しました。そもそも、双蝶会をやる意義は、播磨屋の芸を継承しようという目的があって、復活狂言なども今後絶対出さないし、新しい演出もないと思います。僕としては兄と共演して何かをやっていきたい。二回目で実現できることになりました。

――『車引』【『菅原伝授《すがわらでんじゅ》』松王・梅王・桜丸、三兄弟が争う荒事】の梅王を先に？

■いえ、僕が（武部）源蔵、兄が松王丸の『寺子屋』【『菅原伝授』源蔵の経営する寺子屋で松王が息子を犠牲にする】案が先で、それなら通しで『車引』もやろうということです。

――で、本当はどっちをやりたかったのでしょうか？

■両方ともです。

――共演者はすんなり決まったのですか？

■この二つの演目にしたとき、全員パッと、ひらめきました。兄も、米吉・（中村）梅枝にいさんをと考えたようです。『車引』と『寺子屋』は、いつの時代も、たくさんの役者さんがやってきたもので、どの世代にも残っている作品です。だからやっぱり同世代でやりたいと思いました。

——**梅王丸は誰の姿が目に残っているのですか？**

■やはり父が印象的です。

——**武部源蔵は？**

■吉右衛門のおじさん、そして父。だから、辛いと思います。こんなに知っている芝居はないですから。僕自身も菅秀才《かんしゅうさい》【菅原道真の子・源蔵にかくまわれている】で出させていただいて、涎《よだれ》くり【寺子のひとり、洟《はな》垂《た》れ小僧】もやって、どれだけ良い作品か知っている。こんなんじゃないんだ、と毎日思いながらやると思います。

——**子役で菅秀才を演じた時は、寺子屋のみんなをどんなふうに見ていたのですか？**

■富十郎のおじさんが源蔵で、吉右衛門のおじさんが松王。みんな僕にお辞儀していく、僕って偉いんだなと（笑）。

——**ハハハ、何歳の時？**

■十歳くらいだと思います。

——**その次が涎くり。この時は、駄目は出ましたか？**

▒君の良いところは素直なところだと、吉右衛門のおじさんに言われました。涎くりは、やり方は自由なようで、色々決まりごとはある、欲を出そうと思えば出せる役ですが、父に教わった通り、素直にやっていたんでしょうね。

――菅秀才、涎くり、そして勉強会はいきなり源蔵と梅王で大出世です。

▒吉右衛門のおじさんに教えていただきます。同じくおじさんに習った父にもちょくちょく聞いたりしています。「それはしちゃいけない、違う、おかしい、直してくれ」と。おじさんは父の教えの延長で、役の心情を教えてくださいます。

播磨屋の教え

▒吉右衛門のおじさんとはたびたび同じ楽屋にさせていただいて、ほかの人のやり方を見ながら、おじさんは「僕はこうやる、播磨屋型はこうで、ここが違う」ということを細かく教えてくださる。それがどれだけ有り難いことか。

――それは聞かずに教えてくださるということ？

▒はい。聞いたらもっと教えてくださいます。

——なるほど、興味を持っているということがわかれば、ということですね。具体的に一つの出し物でいうと？

■石切（『梶原平三誉石切《かじわらへいぞうほまれのいしきり》』）ですかね。

——何が違うということでしょう？

■石の切り方、二つ胴【刀の切れ味を試すため、死罪の決まった罪人二人を重ね切りにする】の切り方、胆《はら》【役の性根】の持ち方、ということでしょうか。

——そう教えてくださるのだから、勉強する気になりますよね。

■それでおじさんの芝居を改めて見て、違う人の芝居も見て、考えますね。

——いずれ貴方もやるかもしれませんしね。

■やりたいですね。

——さあ、今後を見すえて、いま何を考えていますか？

■僕は十年後を考えて、今何をしなければならないかと思いながら生きています。

——十年後でも、まだ三十三歳くらいですよね？

■三十三歳でどんな役をやりたいか、やらせてもらえるか、そのためには何が必要かを考えています。

――その時に、どういう役がもらえるポジションにいるかということですね。上の先輩たちはまだいっぱいいますよ。

■でも、そのまま世代がもちあがっていくわけじゃないですか。それを考えて、今実行していきたいと思っています。

――おっしゃる意味は、きっちり積み上げていくということですよね。

■十年後に僕がどうなっているか。十年後に周りはどうなっているか、教えてくれる人がいなくなっているんじゃないかということが不安です。だから勉強会もやりますし、なるべく大先輩のいらっしゃる芝居に出ていたいと思っています。

仲間たち

――同世代のライバルは誰ですか。

■（尾上）右近です。

――何故でしょうか？

■すごいと思うからです。あれくらい意志のある芝居ができるのは、すごいなと思います。

休みは一緒に旅行に行きました。神社めぐり、伊勢神宮、天河神社など。無事にたどり着けたので、神様に見放されてはいないようです。

――ちょっと上の世代で、共演したい人は？

■梅枝にいさんです。壱太郎さんも好きです。壱太郎さんは、自信というか華というか、壱太郎さんにしか守れないものがあるわけじゃないですか、そういうものを自覚している。彼、「人間マグロ」なんです。

――どういう意味ですか？

■止まったら死んでしまう（笑）。休まないんです。巡業先でも仕事をしていますから。二人には敵わないと思いますが、負けているとも思っていません。僕には僕があるから、違う部分で勝てば良い。

――いいことです、どんどん共演して刺激し合ってください。

■そもそも勝ち負けではないですから。

――急に燃えてきましたね（笑）。

■はい。ようし、うまく言えたぞ（笑）

――劇評は読みますか？

■こっそり。読んでないふりをします。

――傷つく？

■時にあります。褒められるのは大好きです。

初一念を忘れるな

■このインタビューで、何を話したらいいんだろう、と考えながら来ました（笑）。

――いま考えていることでいいんですよ、この本が出る時に、考え方がまた変わっていてもいいと思います。それが進歩かな？

■でも、僕の中でゆるぎない部分があって、「初一念《しょいちねん》を忘れるな」というセリフ、それを自分に言い聞かせています【『元禄忠臣蔵・大石最後の一日』内蔵助の名セリフ・初一念とは仇討をしなければと、最初に思い至った時の純粋な志】。僕にあるのは吉右衛門のおじさん、そして父みたいな役者になりたい、ただその一念だけなんです。「損得の欲に迷うは、多く思い多く考え、初発の一念を忘るるため……」。お客様が喜ぶ、喜ばない、それは、もしかしたら損得の欲かもしれなくて、ただ僕は吉右衛門、又五郎みたいな役者になりたいんだというのは、「決して善悪の誤りなきこと」なんだと、内蔵助のセリフをそのまま自分に言い聞かせて、僕は毎日を勤めています。

――『大石最後の一日』……、芝居のセリフの中に、人生の指針を見る。役者さんならではのお話が伺え、なによりでした。

（平成二十八年三月十六日　於松竹本社会議室）

愛くるしい豪の者

明治座のロビーで、ばったり再会。なんとも愛くるしく自然な笑顔。戸惑っている私に「種ちゃんですよ」とさりげない。実は種太郎・種之助と兄弟が名乗っていたころ、視力の弱い私は、二人の区別が判然としなかった。しかし兄の歌昇襲名で、二人が一気に前面に出て、役柄の違いが克明になった。また、きまじめな長男と、人の心にすっと入ってくる次男という性格も（私も次男）。

ただ、考えていることは実に慎重。しかし、その慎重さも考え物だと自分で反省している。

踊りの勘の良さは父親譲り。長所と短所をはっきり把握して頼もしい。実は「豪胆さ」を潜ませている優と見た。

「リベンジしなくっちゃ」対談の最後はそう口にした。前日に考えてきたことが、私に伝わっていないと思ったのだろう。いいえ、ここには書ききれない濃い考えを展開してくれた。女形もできる、幅広さの強みが、これから、きっと生きてくるだろう。ただし10年後という目標は、さて、どうだろうね種ちゃん！

中村米吉【なかむら よねきち】

素顔はおきゃんな姫君

播磨屋(はりまや)。平成5年3月8日生まれ。中村歌六の長男。12年7月歌舞伎座『宇和島騒動』の武右衛門倅(せがれ)武之助で五代目中村米吉を襲名し初舞台。27年『鳴神』の雲の絶間姫にて十三夜会奨励賞。

「あんなふうに、できるんだ」

――子どもの頃は、(市川)猿之助(現・猿翁《えんおう》)さんのお芝居ばかり観ていたそうですね。

■同世代で、一番観ているかもしれません。『四の切《しきり》』や復活狂言、スーパー歌舞伎の『新・三国志』や、藤間紫先生の『西太后《せいたいこう》』とか。

――それは自分で選んで観ていたのですか?

■いえ、基本的には父(中村歌六《かろく》)が出ているものしか観ませんから、ちゃんと覚えている舞台といえば、猿翁のおじさまが出ていらっしゃった舞台が多かったんです。

――これまでにも当代の猿之助さんと、数々ご一緒して印象深かったのは？

■『天竺徳兵衛《てんじくとくべえ》』（【妖術を使う場面がみどころ】二〇一二年十一月明治座）です。懐かしい感じがしました。ああいう芝居を観て育っているので。

――私が米吉さんを再発見したのは、名古屋の『雪之丞変化《ゆきのじょうへんげ》』（【親の敵討ちをする役者の物語で映画やドラマで有名】二〇一五年四月中日劇場）なんです。

■お初【女掏摸《すり》】ですね。本当にあれは、本（台本）をいただいて、どうしたら良いのかわからなかったです、やったことのない役柄でしたし。最初は手探りで、ご一緒だった（坂東）竹三郎さんに色々相談したり、猿之助にいさんからも、「あそこでひとつセリフを足してみたら」とアドバイスをいただいたり。また衣裳も、にいさんが選んで、頭（かつら）も工夫してくださいました。千穐楽《せんしゅうらく》に脚本の石川耕二《いしかわこうじ》先生が、「あんなふうにできるんだったら、もうちょっと『悪く』書けたかもしれない」と褒めてくださったのが、すごく嬉しかったです。

――お父さんは立役ですがアドバイスは？

■改めて父をすごいと思ったのは、僕はセリフの調子を低く出していたのを、「それは違う、そんな声は出すな」と言われました。ぽんぽん強気に言う役だから男っぽい声でいいと思って出していたら、「綺麗な声で男の言葉を使うから面白いんだ、『てめえこのやろう』と、女の声で使うから面白いんだ」と。

「しでかさなきゃいけないよ」

——同世代で仲が良いのは、誰ですか？

■みな仲は良いですが、(尾上)右近、(中村)種之助、(中村)隼人ですかね。

——そう、四人組なんだ？

■四人組ということではないですね。ケンスケ(右近)がいないと、集まらない。そういう意味で、一番仲が良いのは彼かもしれません。彼の勉強会(「研の會」)にも出させてもらいました。実は、第一回目の「研の會」以前に、「『五、六段目』【『忠臣蔵』の早野勘平《かんぺい》】をやりたい」と彼が話していて、人ごとだと思って聞いていたら、「おかるをやってくれないか」と。思わず「は？」と言ってしまいました(笑)。「僕でいいの？」「いい」と。でも、嬉しかったですね。初めてだったんです、誰かに、何か役をやってくれと頼まれたのは。女形にとって、こんなに嬉しいことはないんだと思いました。

――望まれて嫁に行くわけですね（笑）。

■ええ、役では売られますけれど（笑）。売られた後の『七段目』は、以前、研修発表会で、（中村）吉右衛門のおじさまの監修で、（中村）歌昇のにいさんの由良之助、種之助の平右衛門【おかる兄】で、（中村）雀右衛門《じゃくえもん》のおじさまに教えていただいて、一日だけ勤めさせていただきました。いまだに忘れられないのは、役が決まって、吉右衛門のおじさまにご挨拶に伺った時、「お前はしでかさなきゃいけないよ」と言われたことです。七段目のおかるは遊女。いわば実年齢に沿った若い役ですから、「ある程度ちゃんとやってくれよ」ということだったんでしょうね。

――おかるはそれこそ、（坂東）玉三郎さんも（中村）福助さんも十代後半、二十代初めでチャレンジなさっている。

■その話が決まった時、ちょうど福助のにいさんがおかるをなさっていて、舞台稽古の前に二階（茶屋場の大道具）へ上げてくださって、こうやって足をかけて、ここに肘をかけて……とご親切に教えてくださったんです。

――あれは二〇一三年十一月ですよね。

■そうです。その月にご病気で倒れられたんです。その次の月が研修発表会だったので、忘れられないですね。またお元気になってしっかり全部見せてもらいたいです。明けて二〇一四年正月、『松浦の太鼓』【忠臣蔵外伝・吉良邸の隣に住む松浦鎮信《まつうらしずのぶ》侯の義士に寄せる思いを描く】のお縫《ぬい》【腰元・赤穂浪士の妹】もあって、これもびっくりしました。雀右衛門のおじさまに教わって、吉右衛門のおじさまにさんざん叱られながら勤めました。大きなお役ですから。

――吉右衛門さんのだめ出し。覚えていることを一つ挙げると？

■（お縫が）「かわいそうに見えない」と言われました。セリフを言うのでも、「頑張って声を出しすぎている」と。薄雪姫《うすゆきひめ》（『新薄雪物語』）で（片岡）仁左衛門のおじさまにも、「声を出そうと思いすぎるからいけないんだ、悲しい時にそんな声は出ない」と。「もっと絞るように出せば悲しく聞こえるから」と。細かく教えていただいて。吉右衛門のおじさまのも同じことだったと思うのです。大きなお役なので、キャンキャン声を頑張って出そうとしていたんでしょうね。

――お縫は、わけもわからず、松浦邸から放逐されそうになる役でしょう？

■はい、頼りも何もないままに出て行くわけです。ところが、殿様の心がコロッと変わる。お客様にお縫のことをかわいそうだなと思わせていないと、後半の変わるところが面白くないんですよね。

机の向こうの大御所

——本興行で、手も足も出なかったのはありますか。

■新春浅草歌舞伎で勤めさせていただいた『一條大蔵譚《いちじょうおおくらものがたり》』の常盤御前《ときわごぜん》【大蔵卿の妻・牛若丸の母】（二〇一五年一月浅草公会堂）ですね。

——今の若さでやる役ではないかな？

■最初は一日だけの研修発表会で勤めさせていただきました。そのとき、吉右衛門のおじさまに、「今の君の若さでは無理だけれど、勉強だと思って頑張りなさい」と。稽古場の机に、おじさまと（中村）梅玉《ばいぎょく》のおじさま、（中村）魁春《かいしゅん》のおじさま、（中村）東蔵《とうぞう》のおじさまが並んで座って見ている前でやるわけです。

——うわあ、怖い（笑）。

■あまり真正面から見られることはないですからね。常盤はずっと正面を向いていなければいけないので、変に緊張しました。常盤は絶世の美女で母親で、今は公家の奥様で元は武家の女。あらゆる要素がいっぱい詰まっていて、もう無理、と（笑）。ほとんど上半身、手先だけの動きですから、よけい難しい。でもこの先何度もやらせていただきたい、年を取ってから変わってくるものもあるかと思います。

――常盤の心得は？

■気持ちはもちろん持っていなきゃいけない、一番難しいと思ったのは、「千尋《ちひろ》の竹の大藪《おおやぶ》」【胸に秘めた主人の大望は家来には計り知れぬ】というセリフのところ。「竹藪を本当に作るんだよ！」と吉右衛門のおじさまがおっしゃる。竹がうわっと茂って、その大きさを出せということかと。

――心の風景も描いていく力が必要だということですね。

■そういうものに加えて、母親の情愛も全部見せなければいけない。

――魁春さんも何かおっしゃいましたか？

■おじさまも「常に相手を上から見ていないといけない。君はまだ若いから、クルンとしてしまいがちで、そこをスーッとしていかないと。父（中村歌右衛門）はそうやっていたよ」と教わって。

――歌舞伎は師の層が厚いですね。

■常盤は猿之助のにいさんもなさっていて、神谷町《かみやちょう》のおじさま（七代目中村芝翫《しかん》）に習った内容も伺いました。小道具を無くしたらどうするかなど、細かく話してくださいました。

「落とす気まんまんだね」

――二〇一五年は雲の絶間姫《たえまひめ》【『鳴神《なるかみ》』、上人《しょうにん》の通力を破り、色仕掛けで上人を落とす大役】もありました。

■（中村）時蔵のおじに教えていただきました。実は初めて習ったんです。絶間は時蔵のおじが素敵だと思っていたので。わざわざ京都までいらしてくださって、稽古をつけてくださいました。それはもう、やることは多く、何が何だかわからずやっていました（笑）。

――これだけの役ですからね。

■ええ、難しかった。ご覧になった方に、「なんだか最初から、落とす気まんまんだね」と言われてしまいました。

――はっはっは（笑）。最初はしおらしく、ですよね。

■ええ、宮中から来ているわけですから、品がなきゃいけないいし。かといって堅すぎてもいけないし。

――どういうふうに見えたんでしょうね。女スパイみたいな感じ？（笑）

■それこそ品がなかったのかもしれません（笑）でもあの時は、中村又之助さんと澤村國矢さん、手練《てだ》れのお二方が黒雲坊、白雲坊【上人に仕える僧】で、ずいぶん助かりました。

マジックテープがはがれない……

――二〇一五年はラスベガスにも行きました。（市川）染五郎さんと。

■歌舞伎役者は五人しか行きませんでした。立ち廻りはアクション俳優さんだったので。

――経験としてどうでしたか。

■プレッシャーなのは、お客様が観るのは染五郎にいさんと僕だけという点です。そういうことはあまりないので。

――二大スターです。

■やるしかないですから、連日深夜まで稽古しました。ただ、床も濡れていたり、野外で、ぶっ返り（衣裳を瞬間に変化させる）も後見《こうけん》を使わずにマジックテープでやったり（本来は後見が仕掛けの糸を引き抜く)。これが全然成功しませんでした。立ち廻りの中で摑んではがすというやり方だったのですが、うまくいかない。今までやったことのないやり方でしたので、どうしても難しかった。

――歌舞伎というより、ショーに出た感じでしょうか。

▩ああいう空間でできたことは、後にも先にもない経験だったと思います。お姫様の格好をして、水の上にボート浮かべて出てくるなんて、まずできないですから。

――今年(二〇一六年)も行くんですよね。

▩はい、にいさんは「歌舞伎の底力」というテーマでやろうと。飛んだりはねたりは、オリンピック選手並の人がラスベガスにはいるわけですからあちらが上。そうではなく歌舞伎ならではの良さで魅せていきたい。

――どんな役をやるのですか。

▩いうなれば『金閣寺』の雪姫なんです【縛られた縄を足で描いた鼠が切る】。鼠のくだりも歌舞伎だったらお約束で見られますが、アメリカですから、涙が落ちて、鼠を描いて、鼠が出てくるくだりを実写とアニメーションで合成して……。

――三姫といわれる雪姫は大役です。

■すごく短縮された雪姫ですが、頑張ります。また、初めての花魁《おいらん》道中もさせていただきますので、それも楽しみです。

「可愛くちゃ、困ります」

——二〇一六年、正月の浅草はお富（『与話情浮名横櫛《よはなさけうきなのよこぐし》』、与三郎の恋人）。

■はい、これも時蔵のおじに習いました。やることとは別に、決まっていることもいっぱいあるということが驚きでした。煙管《きせる》も決まったところで吸わないといけませんし。世話《せわ》物《もの》はあまり出させてもらっていませんから、一から勉強でした。細かくお教えくださり、有り難かったです。

——やってみていかが？

■またやってみたいです。自分がやるとは思ってもいない役でしたが、やっぱり面白いといいますか、お芝居をしている感じがします。世話物らしく。

——誰とやりましょう、

■理想は高く染五郎にいさんでしょうか……。やはり女形ですから、色々な立役さんとさせていただきたいと思います。

――ところどころに立役が入っていて。どうですか、ご本人として立役は。

▒いや、さすがに『金閣寺』（二〇一六年三月歌舞伎座）の四天王は驚きました（笑）。はじめの頃は、吉右衛門のおじさまの『石切梶原《いしきりかじわら》』の並び大名や、『熊谷陣屋《くまがいじんや》』の四天王などをやらせてもらっていましたけれど、ここのところ本当にぱたっとなくなっていたので、やっても『三番叟《さんばそう》』の千歳《せんざい》とか、『毛抜《けぬき》』秀太郎（色若衆）だとか。ですから、まだ鎧《よろい》、着ますかと（笑）。

――可愛かったですよ（笑）。

▒可愛くちゃ困ります。久しぶりすぎて、顔（化粧）の仕方もよくわからない（笑）。

歌六という名前

――お父さんは歌六家の直系です、歌六の名は気にしていますか？

▒そもそも初代歌六は、女形だったんですよ。三代目の中村歌右衛門の弟子で、独立を許され播磨屋を興したんです。傾城《けいせい》の役を得意としていて、「傾城歌六」って言われるほどの人だったそうです。僕もあやかりたいものですね（笑）。

――女形が主役になれるのは舞踊が多いですが、いつか、なさりたいものは？

■女形のもので最初に憧れたのが『娘道成寺』でした。福助のにいさんの時、子どもの所《しょ》化《け》（坊主）で出させていただいて、懐かしいですね。ただ振付指導の藤間の御宗家からは、「やめてちょうだい！」という声が聞こえてきます（笑）。「踊るんなら二十年前から言ってちょうだい、それだけ前からやったって間に合わない」、と絶対おっしゃる。

――（笑）。言われるということは良いことです。

三十歳までの目標

――玉三郎さんには直接教わっていないんですよね。

■『日本振袖始《ふりそではじめ》』の時に稲田《いなだ》姫【八岐大蛇《やまたのおろち》のスサオノ退治、人身御供】でつきっきりで教えていただきました。

――あれは大抜擢だったですね。

■あの役は大蛇《おろち》の生贄《いけにえ》として祭壇の上で長いこと気を失っているのですが、そのすぐそこで玉三郎のおじさまが踊っている。その間ずっと竹本愛太夫《あいたゆう》さん（竹本・歌舞伎の義太夫語り）の声が聞こえてくるんです。プレッシャーからか、愛太夫さんの声がトラウマになりましたよ（笑）。実は後日談がありまして、その翌月、こんぴら（金丸座）で『女殺油《おんなごろしあぶらの》地獄《じごく》』のおかち【放蕩息子の妹】をさせてもらっていました。その時も愛太夫さんが語っていらっしゃいましたが、あそこは楽屋にいても舞台の声もガンガン聞こえます。愛太夫さんの声が聞こえてきて、なにかぞわぞわするなと思っていたら、そうか、先月のあれが残っているんだと（笑）。

――おかちに乗り移った（笑）。でも良い経験だったじゃないですか、

■びっくりしたんですよ、なんで僕なのか。父と玉三郎のおじさまが仲が良いからというのもあるのかと思ったんです、同い年ですから。おじさまの本名は守田伸一さんで、うちの父は小川進一。お互い「シンちゃん」なんです。今度父が賞を頂戴しましたが（二〇一六年日本芸術院賞）、おじさまも一緒に受賞されましたから、父が電話をしたら、「なにより貴方と同時に賞をもらえたのが一番嬉しい」とおっしゃっていたと。

――教わった時は、手取り足取りだったのですか？

■大変な騒ぎで。稽古の時、「貴方、歌舞伎の家に生まれたんでしょ、ああ、生まれただけだね」とおっしゃって、帰ってしまわれたことがありました。千穐楽の日に、「ありがとうございました」と言ったら、「三十歳になる前に、お姫様はこう、芸者はこう、娘はこう、女房ならこう、手をどうするか、セリフをどうするかといった、女形としての土台をしっかりと築いて身につけておきなさい。諸先輩がよくわかっているから見てもらって、それで色々なことができるようになるから、しっかり勉強してきてください」と言われたのです。それが三十歳までの、一つの目標になっています。

父の引き出し

――宝物、大切にしているものは？

■ずっとなかったんですが、最近できました。父の祖父ですから、「ひいおじいさん」（三世時蔵であり二代米吉）の写真を、京都の料理屋さんから、たくさん頂戴したんです。「血を継いでいるのですから頑張ってください」と応援してくださって。わが家には全然ないんですよ。

――それはすごい、良かったですねえ。

■それで自分に火が点いて、古本屋を巡って探したり。でもなかなかないんですよ。三世時蔵は通好みのタイプでしたから、とても少ない中から探して。それをアルバムに入れて、宝物と言えるものですね。頂いた物と、自分の足で見つけた物と。

――鏡台にも飾ったりするのですか。

■時々飾ります。『神霊矢口渡《しんれいやぐちのわたし》』のうてな（新田義峰の愛妾）をやらせていただいた時（二〇一五年十一月国立劇場）は、曾祖父の米吉時代のうてなの写真を飾りました。お舟【頓兵衛の娘、『矢口渡』のヒロイン】の写真もあったので、研修発表会で一日だけ勤めさせていただいた時はお舟に入れ替えたり（笑）。『紅葉狩《もみじがり》』【更科姫《さらしなひめ》実は戸隠山の鬼女が退治される舞踊劇】で野菊をさせていただいた時は、更科姫を飾ったり。

――ご先祖もいいけれど、『幻想神空海』（染五郎主演の創作歌舞伎、二〇一六年四月歌舞伎座）のお父さん丹翁【すべての秘密を知るキーパーソン】のセリフ術は上手いですね。

■わが父ながら、腹が立つくらい（笑）。

――歌舞伎の引き出しではないところも使っているでしょう？

■そうです、あれはたぶん僕が思うに、（中村）嘉律雄《かつお》のおじ（俳優、米吉の祖父の弟）の引き出しだと思います。ああいうものの時に使う引き出しが二つあるんです。勝海舟【『竜馬がゆく』、司馬遼太郎の名作の舞台版】の時は、（萬屋）錦之介（映画スター・嘉葎雄の兄）のおじの引き出しだったんでしょう。よく昔話が出てきます。

――お父さんは劇団四季にいらしたこともあるでしょう。

■ええ、ミュージカルをやる前の。たまに話します。浅利《あさり》慶太《けいた》（演出家）さんが、『ジーザス・クライスト＝スーパースター』の権利をアメリカから買って、ビデオを流して、今度これをやると言った時の現場に居たと言っていました。

――米吉さんはお父さんの遅いお子さんでしょう？

■そうです、四十過ぎの。

――大切になさってください、お父さんも「宝物」。生き字引ですから。

（二〇一六年四月一八日　於松竹本社会議室）

新感覚の綺麗

米吉という名前は十七代目勘三郎が三代目を名乗っていた。よく歌舞伎の本に「よんちゃん」と出てくるのは本名ではなく米吉の愛称だったのだ。私には父・歌六の青年時代の聡明な四代目米吉像が親しみやすい。しかし、その長男はイメージがまったく違う。女形であり重厚な役どころの父と正反対の印象だ。

今回のインタビューを文字に起こした分量では、15人中一番多いかもしれない。それだけ饒舌で、思いもあふれていたからか。ちょうど、その頃『幻想神空海』で妓楼《ぎろう》の玉蓮《ぎょくれん》を演じていた。かつて福助の『楊貴妃』で中国の女性を勤めた時、古典の技法がまったく応用できず苦しんだ経験から学んだからか、成長した女人像だった。前年の『雪之丞変化』の女掏摸《すり》とともに、かつて澤村藤十郎に感じた現代的な女形美を再発見した思いで新鮮だった。

プライベートでは浅草の寺での絵手紙教室に通っているという。本格的な日本画ではないが、顔というカンバスに筆を走らせる役者にとって絵心は大切である。また色彩の工夫も学べるだろう。

備え持った新感覚の綺麗を磨き、古典から、より深い心情を学べば、米吉ならではの道が見えてくるかもしれない。

大谷廣松【おおたに ひろまつ】

歌舞伎の大きな流れに生きる

明石屋（あかしや）。平成5年7月21日生。大谷友右衛門の次男。祖父は四代目中村雀右衛門。兄は廣太郎（170頁）。10年5月歌舞伎座『江戸育お祭佐七』で祭礼の屋台の『落人』の伴内で青木孝憲の名で初お目見得。15年1月歌舞伎座『助六』の禿で二代目大谷廣松を襲名し初舞台。19年12月国立劇場特別賞。

海老蔵一座で学んだこと

——二〇一五年は前年と全然違うでしょう、自分で何故だと思いますか？

■やっぱり（市川）海老蔵にいさんじゃないでしょうか。気づいたら、ほとんどご一緒させていただいて。

——『地《ち》球《きゅう》投《なげ》五《ご》郎《ろう》』（海老蔵・中村獅童らによる創作歌舞伎。二月EXシアター六本木以後、名古屋、大阪公演）に出ることになったのは？

■たしか海老蔵にいさんに言われたと思います。それまでは、『鎌髭《かまひげ》』【歌舞伎十八番・景清の物語】に出たのが、最初にご一緒した機会です（二〇一四年一月）」。

――海老蔵さんの新しい芝居作りの現場にいられたということはすごいですよね。二〇一五年各地で開いた『古典への誘《いざな》い』公演（能楽との共演や邦楽演奏の紹介も含めた公演）、『ジャパンシアター』（日本の伝統文化を海外で紹介する公演）もそうですよね。

■はい、『草摺《くさずり》』の舞鶴《まいづる》【『草摺引《くさずりびき》』、敵討ちにはやる曽我五郎を朝比奈妹・舞鶴が鎧の草摺を引いてとどめる長唄の舞踊】にと言われて。

――海老蔵さんに対するイメージは変わりましたか？

■変わりました。前は、やんちゃなお兄さんという印象でしたが（笑）、ご一緒してみると、物事を表に出さない。市川のご宗家で何十人も人を束ねる長として大変だということが改めてわかりました。

――中でも印象深かった役は？

■やはり舞鶴です、大変でした、初めての巡業で。一日二回公演でした。

――五郎が（市川）九團次《くだんじ》さんで、舞鶴。これは子ども歌舞伎でもやりました。

■ここでやったから、十一月の歌舞伎座子ども歌舞伎につながったんです。『草摺』をもう少し仕上げて、やったらどう、となったんです。兄（廣太郎）が五郎です。

――ジャパンシアターも行きました。初海外はシンガポール？

■そうです、本番は二日間。暑かったです。歌舞伎十八番の中でも『嫐《うわなり》』という、珍しい演目でした。

――二〇一六年は『源氏物語』にも出演しました。

■はい、叔父（中村雀右衛門《じゃくえもん》）の襲名の年です。『車引《くるまびき》』の杉王丸【松王丸の下役で藤原時平方】もやりましたし、『寺子屋』の涎《よだれ》くりもさせていただけた。二〇一六年こそ女形として頑張ろう、と思った矢先に杉王丸で幕が開いたという（笑）。『車引』は立役しかないから出ないだろう、と思っていたら、杉王丸だったんです。女形なのに？　でもやりたかったからと思って。女形で名題試験を受けた後に赤っ面《つら》（顔を赤く塗る力強い男役）をやっているのは、僕とケンケン（尾上右近）くらいですよ（笑）。

――伺って、意外なのは『寺子屋』の涎くり。子役の寺子たちにまじって、ひとりだけ、図体が大きく、いつも鼻水を垂らしている。脇役ですが、悲劇で笑いを取る得な役どころです。

■そうですね。でも、これは大変なお役だと思いました。ただでさえ暗い芝居なのに、前半は全部、面白く、明るく持っていかなければいけない。これまで、皆さん簡単そうにやっているように見えましたが、歌舞伎はやはり奥が深い、とても難しいと感じました。

――それは良い経験です、寺子屋という作品の重要性、この笑いがとれる明るい部分が良くなければ、後の悲劇も盛り上がりません。

■上げてから落とす、緩急ですね。お客様に、こういう調子で進むのかと思わせておいて。後からあんな重たい芝居になるという、大事なところです。

――そういうキーパーソン役を、叔父さんの襲名前後にもらえるというのは、得難いチャンスでしたね。

名題試験は女形

――どちらかと言えば女形だと思ったのはいつくらいの頃に？

■兄貴が立役に行くだろうから、僕は女形かなというのが一番最初です。本当に正直な話をすれば、女形一本で行くことに対して、まだ覚悟はできていないんです。歌舞伎をやりたいという前提がありますので。梅王丸もやりたいし、立役でも、女形でもやりたい、どちらかに絞らないといけない面もありますが。

――お父さん（大谷友右衛門）は、そういうのは自由なんですよね。好きなことをやりなさいという。

■はい。名題試験はどちらで受けるのかと聞かれて、女形で受けさせていただきたい、と答えて、じゃあそうしなさいと。

――試験は選択するわけですね。お兄さんは緊張したと言っていましたがどうでした？

■僕は遅ればせながらも自分なりに勉強をして。筆記試験、頑張りました。

――（笑）そうして、めでたく名題試験に合格して、昇進披露が？

■『石川五右衛門』（二〇一五年一月新橋演舞場）の侍女・花里でした。

――いわゆる出し物で、これが自分の出番だと意識したのは何ですか？

■やはり舞鶴でしょうか。

「これから先ないかもしれない」

――そういう思い出の役を、叔父さん（雀右衛門）の襲名前にもらえるというのは、いい体験です。

■一番芝居をしたなと思ったのは、『若き日の信長』（大佛次郎が十一代目團十郎のために書いた新歌舞伎）の甚左衛門です（二〇一五年十一月歌舞伎座）。

――信長を大切に見守り育てた平手中務《なかつかさ》の三男ですね。

■本物の信長を見ているような、海老蔵にいさんの、すごい気迫を間近で体感して、もちろん大変でしたが、楽しかったんです。

――海老蔵さんとご一緒の舞台を勤めて、少しずつでも成果につながるといいですね。ところで、イメージでは女形が中心かと思うのですが、ここ二年ほどの記録を見ると、意外と少ないですね。

■そうですね、千枝、花里、舞鶴、誰が袖。あとは立役です。

――今回の叔父さんの襲名を身近な人として見ていて、襲名の重さをどう受け止めていますか？

■大変だなあと実感します。周りの人の動きを見ていても、襲名とはすごいことなんだなあと。舞台の上だけでなく、その前後でも、準備も後処理もそうです。

――今月（二〇一六年七月大阪松竹座）の『夕霧名残の正月』を、大感激して見ていたんです、この額縁に廣松さんたちが収まっているのは、ありえないことなんですよ。

■山城屋のおじさま（坂田籐十郎）と踊れるんですか？　と本当に驚きました。今までなかった経験で、これから先もないかもしれない。

最高の理想は祖父

――高校を出て、歌舞伎に進もうと判断したんですね。

■高校中頃くらいに、もう大学に行っている場合じゃないなと。それを先生に伝えて、ひどい成績でも卒業させてもらって。親にも言いました。歌舞伎一本でやると。

――学生じゃない、甘えられない。

■卒業して最初のうちは、お休みの月も多くて、やっと今年一年、休みなく働けたというのが二〇一五年からです。

――二十二歳頃。本業で入ったが役がなかなか来ない、焦りましたか？

■やはり焦ります。これから先どうしようかと思っていた時に、海老蔵にいさんと出させていただくようになって。

――ラッキーですよね。来る前は悩んでいた？

■はい、僕はどういう方向性で生きていけば良いんだろうかと。親父はすごく心配していました、人に話すようなことでもないし、こちらが結論を出さないと相談もできない。

――お祖父さん（四代目中村雀右衛門）の舞台で印象に残っているのは何ですか？

■やはり揚巻（『助六』吉原随一の花魁《おいらん》）でしょうか。成田屋のおじさま（市川團十郎）のときです、女形なのに格好良いなと思っていました。

――完全に立女形《たておやま》なんですね。

■当時もっとちゃんと観ておいたらと思います。普段は小柄だったのですが、揚巻の時はものすごく大きく見える。衣裳もありますが、衣裳の上にまとっているものがものすごく大きい。それは幼心にも覚えています。僕にとって最高の理想は、祖父です。

――歌舞伎の世界にいたいと思うようになったのは何故？

■ちょうど、将来について考えるときに祖父が病気になって、もうこれしかないなと思ったのが、十九歳の時です。

「裏声を使わずにセリフを」

――お父さんの友右衛門さんは、やさしい？　それともこわい？

■すぐ怒鳴るんです（笑）。兄は怒られない。その結果、怒られないように、人を持ち上げる太鼓持ちのように生きています（笑）。

――でもお父さんは、わけもなく怒ったわけじゃないでしょう。

■そうですね、怒らせました。でも宿題をやらないとかそういうレベルです。ただ舞台については怒ると嫌いになるという考えがあったみたいで、我慢していたのかと思います。

――守ってくれた。そのぶん、ほかの方に言われた経験は？

■外に出てはじめて注意を受けて、何故かと思ったこともありました。でも最近僕にも後輩ができてきて、気になったことがあったら伝えます。それでも同じことを繰り返されると、だんだん怒りたくなってくる。そこではじめて、怒るというのは、その子のためを思ってやっていたんだというのが実感できたんです。

――たとえば、どなたからですか？

■祖父のお弟子さんたちがよく注意してくれます。でも、当時の僕はやらなかった。反抗というわけではないんです。なんでしょう、そんなのできるよ、という生意気な感じで。

——今になって申し訳ないと思うでしょう？

■ものすごく悪いと思っています。何か言われるたび、すみませんと（笑）。最近よくおっしゃってくださるのは、（片岡）孝太郎のにいさんです。

——女形の先輩としてね。有り難いですね。でも、接点はないでしょう？

■最近、海老蔵にいさんの舞台などでご一緒させていただいてます。（片岡）秀太郎のおじさまがおっしゃってくださることもあります。『小さん金五郎』のお崎（町娘）だったら、「こういう上方の世話物《せわもの》だから、声は張らなくていいんだよ、気張らなくていい」ということを教えてくださる。

——孝太郎さんは？

■「裏声を使わないでセリフを言うように」と言われます。ただ、僕は地声が比較的高いので、どこが裏声との境目か、自分でもわからないんです。そこに今すごく苦労しています。意識して裏声を使っていないんで。「今から裏声を使っていると、年を取ると出なくなるから、若いうちは地声の高いところで喋れ」と。それを孝太郎にいさんは（坂東）玉三郎のおじさまから聞いて実践していた、と教えてくださいました。

花道の引っ込みは気持ちよい

――踊りは好きですか？　舞鶴もそうですが、お祖父さんの三回忌のとき（二〇一四年八月・国立劇場での追善自主公演）は『吉野山』の静（兄、廣太郎の忠信《ただのぶ》と共演）でしたね。どうでしたか？

■ものすごく暑くて、記憶がないんです。倒れるんじゃないかと思いました。ずっと「水」と言っていて。

――そんな中、叔父さんは『鏡獅子』。お父さんも、珍しい女形の舞台（『鐘の岬』）で普段やらないことをやっていて。素晴らしかったではないですか。息子も頑張れ！

■僕なりに、今まで以上に頑張ったんです、その結果、記憶がない。力尽きたんだと思います。初めに出て花道で踊っている段階で汗が噴き出て、笠や杖を持っているので、衣裳も色々なところに引っかけて、焦っちゃいけないという感じで。一段落して座っていたら、グラッと倒れそうになって。だからよく振りが飛ばなかったなと。

――飛ばさなかったのはよかった。怖い経験です。

■逆に、花道の引っ込みはとても気持ち良いんだと思いました。おじさまたち、にいさんたちは毎日こういう経験をされているんだと。これを二十五日、毎日やっているのはすごいと思いました。これは大きなお役をやらせてもらえないとわかりませんでした。

「てんこ盛り」でやりたい

――染五郎さんや藤間勘十郎さんたちの「趣向の華」に参加させてもらえて、その価値は大きかったでしょう。

■色々なことをやらせていただきました。一番印象に残っているのは、（中村）壱太郎にいさんと、深川マンボを踊らせてもらったことです。御宗家（藤間勘十郎）、（尾上）菊之丞先生、染五郎にいさんが全部演奏もしてくださって。

――女形は花魁、お姫様、町娘など、さまざまありますが、想定しているのは何ですか？

■たぶん、自分の性格上、年を取ってもじっとしていられないと思うんです。もちろん、そういうお役だったらじっとしていますが。娘役や芸者の方が向いているでしょうか。鷹《おう》揚《よう》なお姫様や、内にためて堪えるようなお役はまだ僕には無理かなと思います。

――今回は叔父さんの時姫、八重垣姫、雪姫という女形の大役。すべて間近で学べました。

食指は動きませんか？

■それはもう、全部やりたいです。けれど、まだ今の僕では……と。

――さっきの話に出た、花道を引っ込む時の恍惚感を得られると思うのはどの役でしょう？

■それは雪姫ではないでしょうか。あの桜吹雪。あれは絶対最高ですよ。雪姫はいつかやりたいです。

――美しい一幅の絵画です。

■『金閣寺』は色々な人の見せ場を作っていて、よくできたお芝居だと思います。

――では、そのほかでは？　憧れの所作事。

■『娘道成寺』は、いつかやりたいですよね。どこかの部分ではなくトータルです。道行《みちゆき》【白拍子花子が道成寺へ向かうくだりを花道で演じる。演奏は竹本】から押戻し【通常は鐘の上にのぼって幕となるが、鐘入りした後、蛇体に変身し、隈取《くまどり》をしたすざまじい姿に変貌。その怨念を抑え、花道から本舞台まで押し戻す勇者が登場する場面の通称】まで。てんこ盛りで……。

――それはもう襲名披露の規模ですね。

■所化《しょけ》（坊主）をひいひい言わせたいとも思います。ずっと座らせて（笑）。

——所化で座っていて、どなたの『道成寺』が印象に残っていますか。

■祖父と叔父の『二人道成寺』の時はまだ小さくて幕開きに出ただけですので、やっぱり（中村）福助のおじさまですね。

——いつかは、あの役をやりたいと考えながら、同じ舞台上で見ていると、福助さんの技がわかるでしょう。

■おじさまは出の前からすごく集中して「入って」います。そこから本番の踊りにもっていく、モチベーションの上げ方と言いますか、真似できないくらいのすごみを感じます。

——舞台が始まる前、どのようになさっていましたか？

■リラックスして、音楽を流しながら顔（化粧）をされていて、僕らはもう入れない。

——世界を作られているわけですね。

■触れられない世界を。そこからのあの華やかさです。所化で座ったのは、福助のおじさま以外では、玉三郎のおじさまと（尾上）菊之助にいさんの『二人道成寺』の時です。また橋之助（当時）にいさんと孝太郎にいさんや、海老蔵にいさんと菊之助にいさんの『男女道成寺』も所化でした。いいものを、所化の位置から、たくさん拝見させていただきました。そうそう、歌舞伎座閉場式（二〇一〇年四月）の五人での『娘道成寺』（魁春・玉三郎・時蔵・当時芝雀《しばじゃく》の雀右衛門・福助）もありましたし。

――ああいうのを観られたのはすごいですね。

■壮大すぎて笑ってしまうくらい。セリから、横から出てきて、スッポンからも出てくるという。どこを観れば良いか迷う贅沢さでした。

スピリチュアル・ヒロマツ

――（対談中、廣松の手首を見て）それはブレスレット？　それとも、お数珠なのかな？

■え？　ああ、これ魔除けの数珠です。海老蔵にいさんの妹さん、市川ぼたんさんのご友人に作ってもらいました。これまでにパワーストーンとかブラックオニキスなど、さまざまな石で作っていたのですが、それらをまとめてデザインしてもらいました。

――おしゃれのための装身具ではないんですね？

■ええ、腕時計やネックレスは好きではありません。結構、スピリチュアルなことを信じるほうで、数珠の音を聞いて気持ちを落ち着かせます。

――敏感な人は、ホテルで怖い思いをするとよく聞きますね。

■はい、霊感の強い方が先輩に多いので、コワーイ姿が見えるらしいです。実際、一緒にいると少し見えてくるんです。ですから安心して過ごせる方法も教えてくださいます。たとえば数珠の音をわざとじゃらじゃら立てて邪気を払ったり……。僕が実験した、一番効果がある方法は、いかにお酒に酔って帰るか、かな?……ま、冗談ですが(笑)。

本物の「額縁」の中は?

――プライベート、息抜きは何をしている時ですか?

■もっぱらドライブです。好きなDVD、それこそ芝居もかけながら。

――車は何を?

■ある外車の一番小さいサイズ。自分で買いました。お金を、そういうところにしか使わないんです。服は買わない。友人から「車は額縁、額が良ければ中身も良く見える。するとと、中身も良くなる。だから良い物を身につけなさい」という話を聞いて、なるほどと。僕は外側から入る性格なんです。とりあえず生活の成り立つぎりぎりで買って、それがモチベーションになればいいかなと。

――**鏡台にはどなたの写真を飾っていますか？**

■祖父の写真を飾っています。『扇屋熊谷《おうぎやくまがい》』【熊谷直実が京の扇屋の娘を平敦盛《あつもり》が化けていることを察しながら助ける物語】をやった時のものです。

――**曾祖父《ひいおじい》さんと、お祖父さんですか？**

■高麗屋の曾祖父が熊谷で、祖父が敦盛です。一九四八年に祖父が七代目友右衛門を襲名した時の披露狂言です。

――**額縁の中は『扇屋熊谷』で共演している写真。曾祖父さん、つまり七代目幸四郎が元気だったころですから。貴重な一枚ですね。**

■ちょうど良い大きさのものがありましたので、いつも飾っています。

――**偉大な、おふたりの直系です。チャンスを生かして、良い役者になってください。**

（平成二十八年七月二十三日　於大阪松竹座貴賓室）

「みやこ」への道

ブレスレットをしている。さまざまな色を組み合わせた太玉の二連。装身具は嫌いなので、おしゃれではなく、お守りだという。歌舞伎役者の好む話題は「怖いホテルはどこ？」。怪談めいているが巡業も多い仕事。旅先で墓地や戦場、古都という土地にまつわる思いが夜中出てくるというのだ。悪さをするというより、出没するのが見える人たちが多い。さまざまな役を精魂傾け演じる人の力が呼び寄せるのかもしれない。そんな霊感が強い先輩の勧めで、お祓いのためにしているという。

いかにも現代的若者の廣松も、多くの役者と同様、信心深く先祖への思いもしっかり持っている。

先代雀右衛門の孫という見方を我々はするが、祖父が元気だったのは小学生、同居でもなく、たくさんの思い出はない。むしろ楽屋と周辺の声から、いかに愛されていたかを実感している。現在の叔父・雀右衛門には子がない。廣松という名の先代は叔父である。我々の期待は、とてつもなく高い雀右衛門の山をめざしてほしいということだ。失礼ながら、いわば「乳母日傘」の坊ちゃん俳優。一個人の希望から言えば、これから何回も「大谷」に転び落ち、「廣」い河辺に足を滑らせながらも、「松」の操を心に「京の都」へたどりつくことを願っている。

中村《なかむら》隼人《はやと》

ハヤブサ万華鏡

萬屋（よろずや）。平成5年11月30日生。中村錦之助の長男。14年2月歌舞伎座『菅原伝授手習鑑　寺子屋』の松王丸一子小太郎で初代中村隼人を名のり初舞台。19年12月国立劇場特別賞、22年7月、23年6月、25年3月・6月、26年3月同奨励賞。

ラスベガスの水

――初の海外・ラスベガス公演（二〇一六年五月）。時差は平気でしたか？

■体調を崩すということに無縁で。寝なくても大丈夫でした。時差とかも、まったく問題なく、本水《ほんみず》の立ち廻りもやらせていただきました。

――『ワンピース』再演から三カ月連続の「本水」。日本とアメリカの水は違いますか？

■違いましたねぇ、においが、塩素の濃度が違って……。日本はすごくきれいなんですが、向こうは三日ぐらい経つと水が黄色くなってしまいました。「絶対、口に入れたくない」

（笑）。『ワンピース』で本水の立ち廻りを初体験し、（市川）染五郎おにいさんもそれを知って、そのように演じてほしいと僕にお役をつけてくださったのだそうです。

――隼人さんに役を当てはめた。

■一番嬉しかったのは、千穐楽《せんしゅうらく》の日に「本水の立ち廻りといったら隼人」とおっしゃってくださったことです。尊敬している染五郎おにいさんが褒めてくださったのは、自信になりました。

――猿之助さんにも感謝ですね。

■もちろんそうです。あとは殺陣《たて》の師匠である（市川）猿四郎《えんしろう》おにいさんに感謝ですね。もう手取り足取り、立ち廻りの仕方をすべて教わりました。

想定外のお嬢吉三《じょうきちさ》

■アメリカ以前、染五郎おにいさんからお役を習ったのは、「新春浅草歌舞伎」『三人吉《さんにんきち》三《さ》』（二〇一六年一月）のお嬢吉三【女装の泥棒】が初めてです。僕は女形をやるニン（キャラクター）ではないので、勝手に自分と背格好が似ていると思っている方、染五郎おにいさんに教わりたいと思ってお願いに伺いました。憧れの存在でしたから。

——お嬢吉三はお父さん（中村錦之助）もやっていない役です。

■ええ。何が大きいかといえば、河竹黙阿弥《もくあみ》作品の大役は、若手にはなかなか回ってこないものですから、その一人に自分が名を連ねられたことです。

——お嬢をやりたいと思っていましたか？

■まったくの想定外でした。ずっとお坊吉三か、和尚吉三か、自分では少し線が細いかもしれないと思っていたくらいで。あの名セリフを言ってみたい気持ちはありましたが。

——手の内にない女形は、やってみていかがでしたか？

■高校時代は（中村）吉右衛門のおじさまに女形を勉強しなさいと言われて、勧めさせていただいていたんです。ただ体型、声質など、合わずに悩みながらやってきた面があった。でも、お嬢を勤めることになって、女形を勉強しておいて良かったと感じます。

——歌舞伎界は不得手なことでもやらざるを得ない時もある。でも無駄にはなりません。

■お嬢吉三を通して女形をもっとやってみたいとも思うようになりましたし、できるお役にも限りがあるということもわかりました。

——そうか。男であり女である、つまり弁天小僧《べんてんこぞう》？

■お嬢をやったことによっていつかやってみたいなと思いましたね。

——女形修業時代は高校生ですか？

■はい、中学生の頃の声変わり中からやっていました。ですから、すごくしんどかったです。同世代は舞台を休む人がほとんどでしたが、父の意向でずっと出させていただいていました。つらい時期もありましたね。声が思うように出ないのに女形で。大変だったことしか覚えていません。

——その頃は、我慢していた。

■自分の稽古が足りないのかもしれないですが、同じ動きでも体の大きい僕の方が不利になることもあるし、どれだけやっても、ニンにはまる人には敵わないと感じていました。

「時分《じぶん》の花」を求めて

——苦悩からの転換点はどの辺りでしょう。

■確実な転換点は、高校二、三年生の頃に、(坂東)玉三郎のおじさまに『関《せき》の扉《と》』の宗貞《むねさだ》【小町姫の恋人】を勤めさせていただいたとき「あなたは立役でいったほうがいい」とおっしゃっていただいたことです。

――なんで隼人さんにそう言ったのでしょう？

■玉三郎のおじさまがおっしゃっていたのは「その時代の花がある」と。その時々の旬のものを、ということでしょうか。おじさまには初舞台の『寺子屋』で千代と小太郎という母子役でご一緒させていただいた頃から、ずっと可愛がってくださって。そのあと『女清玄《おんなせいげん》』で（中村）福助のおじさまに松若丸《まつわかまる》【若衆ながら悪の道に走る】というお役を勤めさせていただいて、それで自分の中で、立役への意志が固まっていった面があります。

――松若丸は冒頭から出て得をした役でした。

■ええ。お客様は、松若丸をご覧になって、「この子は立役に行くんだな」という意志を感じられたと思うんですよ。今振り返ると、父の言うとおり、芝居に出続けていて良かったとも思います。

「教えてもらえなくなる」

――目に見えて変わってきたのは、二〇一五年、正月の浅草から？

■やはり浅草がきっかけで、それ以来、大役を学べる若手何人かに自分も入っていかないと、この先駄目だと思いました。それは「焦ってやっていかないと、教えてくれる人も、どんどん少なくなってくるよ」と、染五郎おにいさんがおっしゃってくださったからです。

――教えてもらえるうちに、早く勉強しろと。

■「今から焦ってやらなければ、名優たちの域には到達できない」、ともおっしゃっていました。（片岡）仁左衛門のおじさまは『女殺油地獄《おんなころしあぶらのじごく》』の与兵衛《よへえ》を二十歳で勤められ大評判になっています。播磨屋のおじさま（吉右衛門）も『河内山《こうちやま》』の宗俊《そうしゅん》を若い頃に勤めていらっしゃって、その記録などを拝見すると、親世代より、もう一世代上を見ていかないと、同じ土俵の脇を固めることすらできないと思いました。

――それを実践しているんですね？

■はい。二〇一五年は、毎月どれも勉強になりましたが、七月、松竹座の『ぢいさんばあさん』。仁左衛門のおじさまのお芝居が本当に大好きなので、間近で拝見できたということでまずこれを挙げさせていただきたいです。そして同月の『絵本合法衢《えほんがっぽうがつじ》』でも、おじさまが毎日細かくだめ出しをくださった。毎日自分から聞きにいけたのが孫七《まごしち》というお役です。古典のお役としては初めての経験でした。このとき（中村）時蔵の叔父や父は、自分たちが二十代の頃は、五十歳以上も上の大先輩とはこんなに近くで芝居はできなかった、と言っていました。

――遠慮はあるけれど、聞きに行けたということが大きいですね。

■怖いですし、恐れ多いことですが、それ以上に良くなりたい思い、おじさまの思い描いているものに沿えるようにという気持ちが強かったので。

――聞きにいって良かったこと、どんなことがありましたか？

■伺ったら全部教えていただけるということ自体、初めての経験でした。全部「それはな」、と事細かく教えてくださって。「やっぱり昨日の方がいいんちゃうか」と言われたら、ご覧になってくださっているんだと嬉しくなりますし。「こうやってみたんですがどうだったでしょうか」ということを初めてお話しできた方ですね。

――松竹座、大阪に行った良さがわかりますね。

■先輩方から、「隼人くんがあんな頻繁に仁左衛門さんのところに通うからびっくりした」と言われ、「それに応える仁左衛門さんもすごいし、君の度胸もすごい」と（笑）。

――仁左衛門さんは同じ歳の頃に『油地獄』で評判になった。

■十八歳から二十一歳くらいまでの間に色々な大役を勤めていらっしゃるので、尊敬します。しかも関西歌舞伎の衰退期を経験されて、本当にご苦労されたと思います。

いつかは勘平を

——二〇一五年正月の浅草で演じた『忠臣蔵』の千崎弥五郎《せんざきやごろう》は出世する役です。

■そう、ゆくゆくは（早野《はやの》）勘平《かんぺい》をやりたいんです。（中村）又五郎のおじさまの千崎がすごく好きで、少しでも吸収できればと習ったのですが、勘平の息遣いを近い距離で感じられたということも、収穫でした。

——それで、（尾上）松也さんの勘平をずっと見ていた。

■（尾上）菊五郎のおじさまが教えに来られていました。自分がなれるかわかりませんが、その空気感や仕事の量、やはり勘平って大変だなと改めて思いました。

——『白浪五人男《しらなみごにんおとこ》』では忠信利平《ただのぶりへい》ですが、みんなキャラクターが違う……。

■一番難しいんですよね。日本駄右衛門《だえもん》でもないし、南郷力丸《りきまる》でもない。中途半端に見えがちなんですね、しかも浜松屋の場【弁天が詐欺を働く前幕】に出ていないので、勢揃いの場にしか出ない場合は、わかりにくいお役です。

――これは誰に教わったのでしょうか？

■僕の父がやっていました。（坂東）三津五郎のおじさまに父が教えていただいた話としては、「元武士だということを忘れずに」と言われ、「品と格が求められる忠信《ただのぶ》と赤星だけは、周りと比べゆっくり喋っていい」とおっしゃったそうです。

――それは色々試みた？

■はい、だからこの『白浪五人男』の勢揃いを経験することによって、舞台度胸がつくのではないかと感じました。満員の客席に面と向かって喋れるか、ですよね。

ワンピース　金髪は地毛？

――『ワンピース』の原作を全巻読んでいたのは、（坂東）巳之助さんとふたり？

■はい、まさか歌舞伎になるとは思っていませんでした。ですが、読んでいらっしゃらない猿之助おにいさんがあれだけできるわけだから、読む読まないは関係ないと思います。

――サンジ、イナズマの二役と言われた時はどう思いました？

■サンジが一番好きなキャラクターなんです。だからめちゃくちゃ嬉しかったです。脇役かなと思っていたんですけれど、まさか自分があの船に乗れるとは思わなかったです。

――で、開幕して客席がどんどん変わっていくのを経験したんですよね？

■変わりました、リピーターが増えてくると、どんどんお客様のノリも良くなります。慣れてくればくるほど、お客様が乗ってくるんですよね。猿之助おにいさんは、とてつもない作品をつくったんだな、と思いました。この芝居で学んだのはテンポの出し方です。歌舞伎以外の俳優さんがいて、歌舞伎では絶対にありえないスピードで話すんです。

――わかります（笑）。何を言ってるかわからないくらい、早い人もいますよね？

■テンポを出すのが特にお上手だと感じたのは浅野和之さん（海賊のセンゴク役）でした。元・夢の遊眠社（野田秀樹が主宰の劇団・一九九七年解散）ですから、ものすごくテンポが良いんです（笑）。それに歌舞伎役者が乗らなきゃいけない。すごく大変で、巳之助おにいさんに、「周りのテンポについていけ」と指摘されたこともありました。

――あと、洋服衣裳も初めて？ 靴を履くのも。

■サンジは完璧にスーツでした。初めてです。歌舞伎で靴も初めてです。

――隼人さんが結構注文を入れて、和のテイストに持っていったという話を聞きました。

■なんでご存じなんですか？（笑）そう、色々と話して、とことん追求しました（笑）。

色々な人と相談して、今の形になったんです。たとえば紙巻煙草を煙管《きせる》にしたり、イナズマのどてらには忠信利平の衣裳みたいな雲の柄を入れたりとか。原作と同じ衣裳で出たら、コスプレの人みたいになっちゃうから（笑）、歌舞伎オリジナリティを意識しました。

――たくさんの俳優がいる中で、言える環境があったということですね。

■言わないと駄目だと思いました。古典ですと絶対言えないことが多いですけれど、新作は、言わないと自分の責任になってしまいます。

――歌舞伎の所作、動きとは違いますか？

■所作は一緒です。ただ、普通は人が刺されたら即座に反応しますが「歌舞伎は反応したくても反応してはいけない。倒れてから反応するんだ！」と猿之助おにいさんが指導して、外の俳優さんは戸惑っていましたが、僕らはわかるので、それは強みだなと思いましたね。

――金髪の鬘《かつら》は初めてですか？

■初めて！（笑）。「地毛《じげ》？」って聞かれましたけれど（笑）。

役者の「覇気《はき》」をつけろ

――立ち廻りで、本水《ほんみず》を被《かぶ》ることを、合計四カ月もやりました。抵抗はありましたか？

■「身体、大丈夫？」と聞かれましたが、興奮状態だし、そういう辛さはないです。水は一瞬身体が動かなくなるくらい冷たいです、身体が温まっている状態なので。サウナから水風呂に入ったくらい。でも、先輩方がやってこられたことです。

――水に濡れて、そのあとまた芝居があるわけですが……。

■体力的にはかなり大変でした。衣裳が全部水を吸って重くなった状態でアクションをしなければいけないということで、もう大変でしたね。足が止まりそうになったのは初めてです。乳酸が溜まって、足が動かなくなってくるんですよ。舞台稽古で、「これはやばいぞ」と思いました。体重も十キロくらい減りました。

――隼人流・回復法は？

■前半戦は本当にきつかったので、毎日お風呂やサウナに行って疲れをとりました。極限になると、エナジードリンクも飲みました（笑）。

――ふた月できたことは、自信につながりましたか。

■はい。立ち廻りをやっても、負けず嫌いの性分がそうさせるのか、自信がみなぎりました。作品中に、「覇気」という言葉が出てくるのですが、これは敵を威圧したりする時の気合みたいなものですね。作品上重要な言葉で、猿之助おにいさんが「巳之助と隼人には、この芝居を通して役者の覇気を身に着けてほしい」と取材の時におっしゃったんです。「二倍も三倍もでかく」と。

――いいことを言ってもらった。覇気ってただ動き回れば出るものでもないですからね。

■そう、色気と覇気は頭で考えていても出ない。

――イナズマの剣の持ち方も工夫したと聞きました。

■剣自体を作りました。ハサミを分解した形にしてくださいと言いました。刃を一本ずつに分けて、それを両手で持ちたいと（笑）。使いにくいですが、形にこだわった。原作ファンとしてのこだわりです。ハサミの見得は「原作を知っている」と思わせるためです。

「飛び級すると、踏み外す」

――これから、色々な役を積み上げていくわけですが、「焦って学ぶ」でしたね？

■はい。ただ、がむしゃらにやるのと、焦りながらも冷静にやるのは違う。できることから一つずつやらないといけない。飛び級をしていたらきっといつか足を踏み外します。今、大きいお役を勤めさせていただいているのは、丁稚《でっち》から出て四天王など修業のお役を何年も続けてきたからこそだと思っています。一歩一歩やることが大事だと思います。並行して、大きいお役も経験し、あとは古典です。若いうちにどんどん経験したい。

――萬屋・播磨屋は同系ですが、吉右衛門さんのアドバイスは？

■『一條大蔵卿《いちじょうおおくらきょう》』【本心を隠して源氏に心をよせる大蔵卿を描く】を国立劇場の研修発表会でやらせていただいたとき、（中村）歌昇さんの大蔵卿に、鬼次郎【牛若丸を守る武士】を勤めましたが、「腹（気持ち）を大事に芝居をしなさい」など立役の基本的な心得や動きなど細かく教えていただきました。

――特に、印象に残っていることはなんですか？

■体の大きさのことを言われました。僕は比較的、体が大きいので、「体の殺し方などを覚えれば、今は足かせでしかないものが、将来武器になる」とおっしゃって下さいました。他の方なら「お前、手足長《なげ》ぇな」と言われ終わってしまうことも、おじさまは体の向きだったり、へその向きだったりで、お役が変わってくる、と厳しく教えていただきました。

――向きが違うというのはどういうことですか？

■気持ちはあっても、向きが違うだけで、伝わるものも伝わらなくなってしまう。何回か注意されても上手くいかない。消化できていなかったんです。おじさまは、一回教えたことができないと二回目はない、という世界で生きてこられた。だからきっちり教えてくださった。十代で、がつんとおっしゃっていただき、歌舞伎の細部の大事さが改めてわかりました。

キッチン・ハヤト

――このところメディアの仕事が増え、猛烈に忙しくなってきた。

■テレビの仕事などで緊張も強かったですね。初めての料理番組（ＬａＬａＴＶ「メンズキッチン２」）、初めての歌舞伎の拵えでのＣＭ撮影（兵庫県手延素麺協同組合「揖保乃糸」）、そしてラジオでのパーソナリティ（ＮＨＫ―ＦＭ「邦楽ジョッキー」）。変な苦労がありました。どういう風に振る舞っていいかわからない。収録前夜が嫌で早く明日になればいいのにと思ってしまう（笑）。

――でも引き受けたのは？

■歌舞伎役者で料理番組をやっている人は今までいないから。自分が「初」になれる。また新しいお客様を増やせることです。歌舞伎に興味がない方でも、番組を通じて知っていただいて、舞台をご覧いただけるかもしれない。あと、料理好きじゃない方でも、簡単だなと思ってやってくれたら料理人口も増えるかもしれない。

――得意料理をひとつ。

■僕の、こだわりペペロンチーノは絶品ですよ！（以下、おいしい作り方を詳しく伝授）

――うーん、さすが。テレビドラマで板前、シェフの役が来るかもしれませんね。（笑）。

ドライブデート

――料理以外のプライベートタイム、息抜きは？

■都内のドライブが好きなんです。運転自体が息抜き、気分転換です。

――横には誰を乗せて？

■乗せないです。

――乗せてるね、きっと（笑）。

■母親は乗せます（笑）。

――あと、姪御さん（姉の長女）がいるんですね？　何歳？

■二歳です。叔父さんとは呼ばせません、「お兄ちゃん」「にぃに」って。「叔父さん」だったら僕は振り向かない、何も買ってあげない（笑）。

――ロングドライブ、そんな時間はないですよね？

■行くとしたらお台場とか。あとは葛西臨海公園！（笑）いいところでした、星が綺麗で。

――完全にデート気分だなぁ（笑）。

（平成二十八年五月十六日　於松竹本社会議室）

薩摩切子の輝き

私には「はやとくん」と呼ぶ人がふたりいる。本章の主人公、隼人と、もうひとりは福島県檜枝岐の役場に勤める星勇人。ふたりの共通項は歌舞伎だ。隼人は大歌舞伎。勇人は地芝居・農村歌舞伎を伝承している。檜枝岐は尾瀬の入口の小村で萱葺屋根の農村舞台がある。ふたりの少年が成人し、年長の勇人は村の中心的存在にまでなった。そして隼人は父・錦之助の若いころを凌ぐ勢いの活躍を見せている。ふたりの成長は嬉しい反面、わが老いを覚えさせる存在なので、まぶしい。

隼人は返事の冒頭「うん」という。本文に残さなかったのは誤解を招くからだ。「はい」という返事の代わりではなく、考え込む「うーむ」なのだ。即答せず質問を腹に収めてから発言する。また逆に「葛西さんはどう考えますか？」と質問で切り返すこともあった。実に愉快な体験だったが、このニュアンスは文字では伝えにくい。「これ書きますか？」と言いながら内緒で答えてくれたことを、いつか明かせる日が来るだろうか。

隼人は母の里・鹿児島を愛する。福島の勇人も尾瀬をいつくしむ。都会にはない空気の輝きが二人ハヤトの瞳に宿っている。

中村児太郎【なかむら こたろう】

ひたむきに女形の本道を

成駒屋（なりこまや）。平成5年12月23日生まれ。中村福助の長男。祖父は七代目中村芝翫。11年11月歌舞伎座『壺坂霊験記』の観世音で中村優太の名で初お目見得。12年9月歌舞伎座〈五世中村歌右衛門六十年祭〉の『京鹿子娘道成寺』の所化と『菊晴勢若駒（きくびよりきおいのわかこま）』の春駒の童で六代目中村児太郎を襲名し初舞台。24年6月、25年3月、27年3月国立劇場奨励賞。

いきなり「おかる芸談」

——ずっと休みがないでしょう？　二年前と比べたらまったく違いますね。

■（出演記録を見て）こんなに出ていたんですね。色々な方に出していただいて幸せです。

——四役もやったという新春浅草歌舞伎（二〇一五年）はターニングポイントでした？

■そうですね、楽しかったです、特におかる【『忠臣蔵』、夫・勘平《かんぺい》のため、祇園に身売りする】は、父（中村福助）と（坂東）玉三郎のおじさまに毎日映像を見てもらいました（勘平は初役の尾上松也）。

――お父さんのおかる初演はたしか……？

■二十二歳です。僕は二十一歳になったばかりの時です。

――若さの記録更新で、悔しいと思われているかな？（笑）

■どうでしょうね（笑）。

――お父さんの当たり役ですからね。玉三郎さんとお父さんの教えで勉強になったことは何ですか？

■言い回しは少し変わっても、おっしゃる内容はまったく同じで、細かなことはもちろんですが、何が一番大事なのか、本質のところを二人ともおっしゃっていました。筋は、単に勘平に別れを告げるだけの話です。でも、勘平がおかるを行かせてしまい、名残惜しく思うか、もう一度、何か言いたい、などの色々な心境にさせるかが肝心で、おかるは勘平のことしか考えていない。たとえば、売り飛ばされていく時でも、最後の最後で「おかる待て！」と勘平が言う、その時に、この世でもう会えない、などすべての気持ちをぶつけるようにと言われました。

――勘平を振り向かせたいと思っていても、そう見えないと、お二人に言われた？

■そうです、また玉三郎のおじさまにも父にもすごく言われたのが、「わたしは行きますぞえ、さらばでござんす」というセリフの時は、ああ、お別れなんだと思い、お客様もそう見ている。そうではなくて、その前です、「私売り飛ばされるな」というところ。勘平が、「俺、もしかしたら暗闇で、旅人ではなくお父さんを殺しちゃったのかもしれないな」と思うところです。

――おかるが自分の運命を知ってしまうところですね。

■そう。勘平に「もしこちの人、そのようにそわそわせず、やるものか（祇園に売るのか）やらぬものか分別してくだしゃんせ」と言う。でも状況から判断して、勘平は父さんに会っているという【父は身代金を持って祇園から帰る道で、勘平にどうも出会ったらしい。そこで金をすでに受け取っているなら、自分は廓からの迎えの駕籠に乗らなければならない……】。つまり「私、どうしよう。売り飛ばされてしまうんだ！」という状況のとき、お客様にどう見せるかというのが一番大事と教わりました。そこができるかどうかで後の展開が変わると二人に言われました。別れの場面のところでは心が入ってさえいれば絶対伝わる。実はそれ以前も肝心で、それだから勘平の思いが溜まりに溜まって、「おかる、待て」という声が出てしまうようにならなければいけない。本当に難しかったです。

「ぼんじゃり姫」と「核心をつく姫」と

――二〇一五年のほかの役では橘姫《たちばなひめ》【『妹背山婦庭訓《いもせやまおんなていきん》』、蘇我入鹿の妹。兄を滅ぼす藤原淡海《たんかい》・求女《もとめ》に恋する姫】を中村座で二カ月、十二月の歌舞伎座でだめ押しにもう一回やることができましたね。

■中村座の時と十二月は、まったく別物になっていました。中村座が終わって次の月に「詮議《せんぎ》」の薄雪姫《うすゆきひめ》【『新薄雪物語』、恋人との密会を追及される場面】をやらせていただいて、自分の中のお姫様像が完全に変わりました。十二月にそれを実践するという形になれた。

――つまり、薄雪姫をやるかやらないかで、橘姫への考えが変わったと。

■はい。お姫様というものへの考え方が変わりました。春は全然勉強できていなかった。橘姫は、物事をあまりわかっていない、ぼやっとした役なんだと解釈していたんですが、でも、ぼけっとしているのはお三輪【橘姫のライバル】の方だなと。

――お三輪は恋一筋の町娘です。

■そうです。「杉酒屋」【お三輪の実家の場面。お三輪が求女と密会しているところに橘姫が乗り込み口論となる】で求女と橘姫に嫉妬して、あとさき考えず（二人を追いかけ）夜道を走ってゆく。とんでもないことじゃないですか（笑）。あんなすごい御殿（橘姫の屋敷）に、その格好（町娘）で来るかと。それだけ求女のことを想って追いかけてくる、とても素敵です。それに橘姫のほうは悪い女に見えやすいかもしれませんが、自分の想う求女のことしか考えていない。その強い想いが好きですね。さらに「命にかけても しおおせましょう【兄の宝物を盗んでみせます】」なんてことを言っていても、それがまともなことだと思える。橘姫ものすごく一途だなと思いました【この芝居は求女・淡海の野望のためにお三輪は殺され、橘姫は淡海と結ばれる】。

――恋ゆえ純粋になっていく。賢く立ち回れる女じゃないんですね、橘姫のことが後からわかったのは、薄雪姫を経験したからだというのはどうしてですか？

■薄雪姫が「ぼんじゃり」していたお姫様だということの意味がわかっていなかったんです。「詮議」について玉三郎のおじさまにお話を伺った時に、「ぼんじゃり演じて」とおっしゃられて、ぼんじゃりとは何だろうと。ぼんやりしていて、他人に無関心で「何この人たち？」みたいな意味かなと。連れて来ちゃいけない恋人を自分の家に連れてきて、密会していると、そのことを責めに偉い人がやって来る。すごい話ですよね。「詮議されたって好きなんだもん」という姫。それで「ああどうしよう」となって、いきなりお詫びして、「お母様、許して」などと言える。時代物のお姫様像とはそういうことなのかと思いました。それで十二月、橘姫をさせていただいた時に、玉三郎のおじさまとお話をさせていただいたり、また文献を読んだり、本行《ほんぎょう》（文楽の浄瑠璃）を聞いたりしていると、橘姫は、さっき悪い女に見えると言いましたが、同時に頭が良くて、ずばり核心を言える人だとわかりました。「ぼんじゃり」とはお嬢様育ちで茫洋として、一見、常識はずれの行動をとることもある。でも状況を把握している姫なのかとわかってきました。また、たとえば、橘姫は「杉酒屋《すぎさかや》」では「あ、ひどい、浮気している、もういいわ」となって道行になる【橘姫を求女が追いかける】。「御殿」では求女が藤原淡海だと知っているのに、それを隠しながら、「淡海様じゃないんだったら、殺して」といきなり言い出して、殺すとなったら「兄の宝物を盗んであげるね。貴方のために」とつながっていく。恋に一途なところもありつつ、ちゃんと物事の核心を言える姫だということです。

――さまざまな人物を経験することによって、姫でもみな一人ひとり違うんだということが把握できていく。それを知った年ですね。

「藤娘」で学ぶ

――二〇一五年夏の巡業も良かった。

■ええ、『藤娘』【女形舞踊の代表作で、娘の恋心を描くひとり舞台】をさせていただいたので、翌年二月の博多座の『二人藤娘』に入る時に、すごく幸せでした【玉三郎は当たり役の「藤娘」を二〇一四年に中村七之助と二人で踊る形に新演出し大評判に。今度は児太郎を相手役に抜擢した】。

――回数としては相当やられましたよね？

■巡業は三十数回あって、博多座は十八回。通してすごく感じたのは、曲に乗ることの難しさです。流れて動く難しさ。ただ慣れるということでなく、たとえば（玉三郎さんとの）音頭《おんど》【リズミカルな場面】も「絶対に早くならない、あわてない。藤色の着物を着ている娘たちが曲に乗って、飲まれていく感じを身につけて」と言われて、毎日幸せでした。

――舞台で初めて横に並んで、玉三郎さんと踊った。その感覚はいかがでしたか？

■もちろん緊張しました。おっしゃられたのは、「もう合ってきているから、横目で（玉三郎さんを）見なくていい」と。「好きに踊っていいよ」と。約束としては、「この曲に、しっかり乗って、しっかり動いてくれればいいから」と。稽古初日から一通り慣れてきた時に、「この間よ、この間よ」とおっしゃってくださり、毎日毎日見てくださり、「はいこれでやりましょう」となった。

――よかったです、最高ですねえ。

▩はい、顔を合わせて踊ることをさせていただいて、なにかこう、一カ月、本当に幸せな時間だなと感じました。

――巡業の時は（衣裳の）裾に気をつけたということですが？

▩そうですね、うちの祖父（七代目中村芝翫《しかん》）は背が低いというのもあって、長めに（裾を）引いているんです。岡本町のおじさま（六代目中村歌右衛門）の裾は短め。僕は好みだと思うのですが、玉三郎のおじさまが言うのは、「短くして色気や柄を綺麗に見せることが大事であって、ただダランと見せることがすべてではない」と。あ、本当にそうだなと思いました。長い短いというより、衣裳の柄を綺麗にお客様に見せることのほうが大事だと。「何のためにやっているのか、ちゃんと理由がなければ駄目」と伺えたのは、すごく面白かったですね。

――客席からの視線を意識することですね。

■そうです。

お前がずれれば、みんながずれる

――二〇一五年十二月は、濡衣《ぬれぎぬ》【『本朝廿四孝《ほんちょうにじゅうしこう》』、八重垣姫の侍女】も良かったけれど、『赤い陣羽織』の女房【百姓の美人妻。お代官から言い寄られ　機転をきかせ撃退する民話風喜劇。夫役は市川中車《ちゅうしゃ》】も印象的でした。

■これは、おじさま（玉三郎）が演出してくださいました。稽古の時から、こういうお役は初めてで四苦八苦しておりました。

――向いていると思いました。自分では？

■楽しくやらせていただきました。

――珍しく、はじけていましたよね（笑）。

■今までそんなにはじけられる役はなかったですからね（笑）。父も玉三郎のおじさまと同じことを言うのですが「女形は必ずどこかに悲しみや憂いを持っている」と。そうやって役を見ていくと、『一條大蔵譚《いちじょうおおくらものがたり》』のお京【源氏方の鬼次郎の妻】も、抱えている闇といいますか、何とも言えない悲しさを抱えていて、また『筆屋幸兵衛《ふでやこうべえ》』のお雪【極貧の父と暮らす盲目の少女】なんか、三重苦もいいとこですね（笑）、『魚屋宗五郎《さかなやそうごろう》』のおなぎ【宗五郎の妹が惨殺された事実を伝えに行く腰元】もたまらないですね、この人が言ったせいで家中が大騒動になって。薄雪姫も、この人のせいで両家の父親が腹を切るわけですから。はじけた役でも、どこかしら悲しさや、悔しさがあったり、コメディだけで終わってはいけないと気づかされたんです。

――褒めても、同時に厳しいこともおっしゃるでしょう？

■そうですね、結果的には面白いとおっしゃってくださったのですが、実は中日《なかび》に、パンッと言われました。

――気が緩む頃にがつんと、何を？

■僕が全員と絡むので、周りとの関係で僕がだれたりすると、周りもだれてそう見えるところがある。お客様に受けるようになると、何気なくお互いで受けさせてしまっている。すると、芝居がずれてくる。「お前（児太郎）がずれればみんながずれる」とおっしゃってくださいました。

――去年は収穫いっぱいですが、そんな風に内心冷や汗、手も足も出ない経験は？

■やっぱり、いくら勉強しても、やったと思っても、薄雪姫に関しては、(尾上)菊五郎のおじさま、(松本)幸四郎のおじさま、(片岡)仁左衛門のおじさま、(中村)雀右衛門《じゃくえもん》のおじさんがいらっしゃって、(中村)錦之助のおじさんもいらっしゃる。そして僕ですから、もう、手も足も出ないなんてレベルではない。どんなに頑張っても太刀打ちできないなら、やれるだけのことをやって毎日過ごしたほうが良いと、そこでの考え方が大事だと思うのです、手も足も出ないと思ってしまうと、やってられない、それこそ『藤娘』も玉三郎のおじさまに敵うわけがない。でもなんとか食いついていかないと。

児太郎　盛綱を演じる?

――二十代のうちにやっておきたいお役は?

■やはり八ツ橋《やつはし》【『籠釣瓶花街酔醒《かごつるべさとのえいざめ》』、恋人のため客に愛想尽かしをして殺される花魁《おいらん》】、あとは三姫(八重垣姫・時姫・『金閣寺』の雪姫)のどれかはさせていただきたいですね。

――早いよ!　とは言われるでしょうけどね。

■でも、早いうちにやっておいたほうが絶対良いですから。

——男としては、どういうタイプの女性が好み？　結婚したらうまくいきそうという。

■歌舞伎の女って、この人と結婚したら幸せになれるっていう人、一人もいないじゃないですか（笑）。八ッ橋もお三輪もいい女ですけれど死んじゃうし。これは自分の血かな？と思うのは、お三輪、八ツ橋、政岡【『伽羅先代萩《めいぼくせんだいはぎ》』、息子が若殿の身代わりに惨殺される乳母】、それに定《さ》高《たか》【『妹背山婦女庭訓』の『吉野川』、蘇我入鹿の陰謀に抵抗し、貞女の道を通させるため娘・雛鳥の首を、自ら斬る太宰家の母親】など、自分が苦しむような役をやりたいんです。悩みながら、湧き出たものをうわっと表現して。

——役としての苦しみということですね。

■その役の抱えているものを見て、面白いと思いたい。政岡は実子を殺されているわけですから。

——立役もぽつぽつありますが、お嫌？

■あまりにも不慣れで、緊張します。もちろん素敵だと思います。ただ、自分がそれを演じている映像がまず浮かばない。たとえば、小さい頃に勘三郎襲名で、（中村）勘三郎のおじさまが盛綱《もりつな》【『盛綱陣屋』、時代物の大作。弟・高綱《たかつな》の首実検をする】をやっているのを見て、なんて格好良いんだろうと思いましたが、自分が盛綱をやっている姿だけは想像できませんよね（笑）。盛綱はできないな。

あと二年半でタイムリミット！

■玉三郎のおじさまが「阿古屋《あこや》」【『壇浦兜軍記《だんのうらかぶとぐんき》』、傾城《けいせい》・阿古屋は平景清《かげきよ》の恋人】をなさって、それを毎日拝見していて、どうしてもやりたくなったんです。それで「教えてあげる」とおっしゃっていただいて、では三年以内に頑張りますと言いました【阿古屋を演じるには、箏、三味線、胡弓という三種の楽器が演奏できないといけない。景清の逃亡先を詮議され、知らないことの悲哀と景清の身を案じる気持ちを楽器の音色と歌声で表現する至難の役。中村歌右衛門が演じて以来、現在では坂東玉三郎だけが、この至芸を伝承している】。お琴の稽古、三味線も何とか頑張っていますが、胡弓はこれからというところです。でも、もうタイムリミットまであと二年半しかないんです。そのうちに、自分が阿古屋をできるところまで行くのか、行けないのかというところで毎日稽古しています。僕は、それは当たり前だと思うのです。楽器が嫌い・苦手、やらないでおくには色々理由が付けられるとは思いますが、やればできるかもしれないと思いたいのです。何故なら、楽器が弾ければ役の入り口に立てるわけですから。僕は玉三郎のおじさまの阿古屋を観て、いつかやりたいと思ったので、やらせていただけるかはわからないですが、一生懸命稽古して、やってみたい。初めて観た時からずっと思っていましたが、一カ月毎日観て、それがさらに強くなりました。「三年で」と言ったからには、毎日頑張りたいです。

――やるかどうかは別として、見たり学んだりしておくということですね。

▩知っておくことは大事。あとは額縁の中にいて、挿絵として動いていく。

――挿絵？

▩舞台という額縁があって、その中に自分が立つと、その中で色々な絵になる。「それが舞踊の基本」だと。「お客様が額縁を見て、あっと思うような絵になって踊れれば良いのでは？」という話を伺いました。だから、美術館に行くことも大事だし、芝居を観ることももちろん。

――稽古ばかり詰め込んでいる。

▩それが楽しくて仕方ないので大丈夫。その日出来なかったことも、次までにそこができるように頑張る。と、また次につながります。

――克服ですね。上に行かなければ、助言ももらえないということですね。

■適当にやっていては、永遠に言われないので。「そこ、違うんじゃないですか？」と言われると、あっ、となって、家でまた復習する。で、次にどうですか、と見てもらってということを繰り返していくわけです。それこそ、あとはどれだけ稽古をして少しでも手の内に入れられるようにできるかの勝負だと思っています。自分のやるべきことを見つめ直し、しかるべき時のために準備しておきたいと思います。

――「中村歌右衛門」という最終目標が当然頭にあるからですね。お父様が、お元気でしたら本当は、貴方がいま福助を名乗っていたのです。

■そうです、でも、あの時もし福助になっていたら、絶対に今の道を辿っていないと思うんです。まず、阿古屋のお稽古は絶対にやっていないと思う。

――なんでそんなに優等生なの？（笑）

■もうあと二年半しかないですから。

――自分で決めた時間ですね。

■「三年でやります」と玉三郎のおじさまに言ってしまったので。そうでもしないと先に先にとなってしまうと思うのです。三年でやると言ったのは、それだけ今頑張ろうと思ったからです。

――二十五歳くらいまで？

■二十五になる年の十月です、タイムリミットは。

――チクタクチクタク……（笑）。

■うちの祖父（芝翫）がそうですね。六代目（菊五郎）にいきなり、おい眞喜雄《まきお》（芝翫の本名）、山づくし【『京鹿子娘道成寺』の後半、鞨鼓《かっこ》を打ちながら早いテンポで踊りが展開し、途中、怪しい姿を一瞬見せる。稲荷山、大江山など山の名前が長唄の歌詞にちりばめられているので、そのくだりの通称に】をやってみろと言われて、それでやっちゃえと、『娘道成寺』【女形舞踊の大曲】をお稽古の時にやらせてもらった。その話を聞いて、ならいつでもできるようにしておこうと。たとえば、政岡【『伽羅先代萩』、歌右衛門の当り役】を今すぐやれと言われても、はい喜んでとなるし、沖の井【政岡の朋輩の局】でも、「竹の間」【『先代萩』の一場面で沖の井が活躍】をやれと言われたらすぐいけるように。ずっと言われていたんです、やりたい役があったら今すぐ変わって（代役でも）やれるようになれと。じゃあどんどん増やしていこうと。

――今後は、おめでたいことが続きます。

■はい、二〇一六年十月、十一月が（叔父・橋之助が芝翫に、そして従弟の国生《くにお》は橋之助、宗《むね》生《お》が福之助、宜生《よしお》は歌之助に）襲名の月で、二〇一七年二月が勘太郎と長三郎（七緒八《なおや》と哲之《のりゆき》、伯母が嫁いだ勘三郎家の孫二人。従兄である勘九郎の長男と次男）の二人の初舞台ですから、すごく新鮮な気持ちで迎えられると思います。ただ、自分のやるべきことは変わらない、もっと勉強し続けなければいけない。自分のやるべきことを見つめ直し、やるべき時にやるべきことをやるだけだと思います。

（平成二十八年三月十六日　於松竹本社会議室）

まっしぐらの女形

淡交社が「茶の湯」の出版社と知って、茶談義から始まった。本文にも出てくる『先代萩』の乳母・政岡は空腹の子供たちに茶道具で飯を炊く。「真《しん》の台子《だいす》」など、さまざまなお点前についての会話が豊かで楽しかった。つまり趣味ではなく舞踊も含め女形の嗜みが舞台に生かせる未来を語り弾んだのだ。

児太郎という名前は、歌右衛門という大名跡の候補者のひとりであるにすぎない。ラグビーに興じていた少年時代には思いもしなかった課題を強烈に意識したのは父の病だった。それ以後の児太郎はまっしぐら。「タイムリミット」ということばは焦りすぎだがそれもよし。酒を飲んだり趣味に興じる時間は「惜しい」と明言する「22歳の語録」が、将来どう発酵するのだろうか。

なお、先輩の敬称はすべて「様」をつけて話していたが、あえてほかの優と同様の称に代えさせて頂いた。また本文には残さなかったがときおり「やばい」と口にすることがあった。いい得て妙。たとえば町娘の心境や姫の胸の内を、まず瞬間的にこの言葉で表し、具体的に説明する。この若者言葉は実に多くの意味を含んでいる。児太郎の「やばくない？」という心の声も読み取ってほしい。

中村橋之助【なかむら　はしのすけ】

国生から橋之助へ

成駒屋(なりこまや)。平成7年12月26日生まれ。八代目中村芝翫の長男。祖父は七代目中村芝翫。弟は福之助、歌之助。12年9月歌舞伎座〈五世中村歌右衛門六十年祭〉の『京鹿子娘道成寺』の所化と『菊晴勢若駒(きくびよりきおいのわかこま)』の春駒の童で初代中村国生を名のり初舞台。平成28年10月歌舞伎座『初帆上成駒宝船(ほあげていおうたからぶね)』の橋彦ほかで四代目中村橋之助を襲名。21年1月国立劇場特別賞、27年3月同奨励賞。

いよいよ始まるんだ

――お父さんの八代目芝翫《しかん》襲名と同時に息子さん三人も同時襲名。幸せなご一家だと思います。その父の名を絶やすことなく継ぐ長男として、いま、どんなお気持ちでしょう?

■二十歳で襲名させていただけることに、すごく感謝しています。ここを大きく踏み台にして、一歩も二歩も、駆け上がりたいと思っています。この一年が勝負だなと思います。

――継ぐという話を正式に聞かれたのは?

■正式に聞いたのは、二〇一五年の正月です。年末年始の家族が揃った時に、今年発表して、来年から行事が始まる、ということを言われました。父はそのひと言だけ言って部屋に帰っていったんです。僕たちはあまり説明されないまま時が過ぎていって、後日、きちんと聞きました。ただ、祖父（七代目芝翫）は亡くなる前、父には伝えていたようです。

――お父さんは、お祖父さんの病室で告げられて、自分の中で温めていたと聞きました。

■後になって聞きました。子どもたちは人払いされて、両親と祖父とで話していました。

――「橋之助」という名前は、意識の中にありましたか？

■言われるまではわからなかったです。最初はまったく夢のような話でした、二〇一六年に入っても実感が湧かなくて、やっと歌舞伎座の八月納涼歌舞伎が終わってチラシが出来て、「国生《くにお》改め橋之助」と書いてある。いよいよ始まるんだと。ちょっと緊張が……。

――年の初めの頃は、全然緊張していないとおっしゃっていましたね（笑）。

■（中村）雀右衛門《じゃくえもん》のおじさまの襲名披露公演がありましたので、『口上』幕も見ておこうと、急に意識しました（笑）。

――口上の舞台に列座したこともないでしょう？

■芝翫茶（三代目芝翫が好んだ色・赤みがかった茶）の裃《かみしも》を着たのも、二〇一六年新春浅草歌舞伎のお年玉挨拶の時が初めてです。襲名のスチール撮影用に作ってもらったものです。『口上』に列座するのは十月が初めて。本当に緊張します。

——お父さんが「橋之助」という名前を大きくして、そのイメージが強いですね。

■もちろん、襲名しても何年かは、橋之助と言えば父を思い浮かべる人が多いでしょう。ただ名前に恥じないようお役を勤めることができるか、意識を向けるのはそちらです。

真夏の『芝翫奴』

——二〇一五年七月巡業公演で『芝翫奴』【長唄の舞踊。吉原に遊びに行く主人のお供をする奴なので『供奴《ともやっこ》』ともいう・赤い顔に隈を取る】。その前に扮装写真が出た役はありましたか？

■写真を撮ったのはその時だけです。初めて「出し物」（主演）をさせていただきました。

——襲名が発表になってからの夏の巡業はためになったでしょう。

■はい、巡業は一日二回公演だったので、多く出させていただきました。四月の平成中村座では、なんと四つの芝居で四役もやらせていただきましたが、それで初めて調子をやってしまった（声が出ない）。でも、それで自分なりのペース配分が摑めて、七月の巡業ができたんだと思います。『芝翫奴』を踊った数分後には、隈取《くまどり》を落として、宮崎数馬【『河内山《こうちやま》』、詐欺事件が起きる松江家の若侍】の顔（白塗りの化粧）をやらなければいけない。それを一日二回。大変でしたが、すごく楽しかったです。

――先輩たちはこういうことを毎日やっていたんだ、と実感したわけですね。

■父も、初日前日は緊張感こそあるのですが、家で子どもたちに当たったりすることはまったくなかった。四役もあったら、僕なんかめちゃくちゃ緊張しましたから、男・三兄弟で家の中がワチャワチャしているので、絶対「うるさい」と叫びたくなる（笑）。でも父はピリピリすることはなかったです、ただ、初役の大きなお役だと、あまり部屋から出てこなかったりすることはありました。

――高校を出てから、急に忙しくなりました。

■そうですね、それまでは夏休みか夜の部に出させていただいたくらいでした。二〇一五年に初めて十二カ月通しで出させていただきました。毎月出していただける嬉しさですね。逆に休みがあると、その間何をしたら良いかわからなくてとまどったりしています。

――それで、四月の平成中村座で「調子をやった」のはどのお役が原因だと？

■たぶん、高い調子で話す高足売《たかあしうり》（舞踊『高坏《たかつき》』下駄売りの男）から、がなり声で話すのが

『幡随《ばんずい》』【『幡随長兵衛《ばんずいちょうべえ》』、人入れ稼業の大親分の物語】の子分に行くところだと思います。初日の夜に急に出なくなりました。お客様が入ると気持ちも昂揚するので、親分に声を掛けるところで、高い調子を出していたところ、がなり過ぎてしまって。『勧進帳』が辛かったです。

――どうやって克服を？

■（中村）児太郎にいさんから対処法を聞いて、もちろん医者にも診てもらいました。喉は、外側からは温めて内側からは冷やすと良いらしく、蒸気が出るアイマスクを喉に当てて、その上から手ぬぐいで締め、氷をずっと舐めていました。出番でない時はマスクをしてとにかく楽屋で休んでいました。あと、声を聞くのもいけないらしいです。聞くと声帯が動くそうなんです。だから耳栓代わりにイヤホンをして。

――声が出なくても出演は続けたのですか？

■休演するほどではないので出続けました。人生で始めて調子をやって、頭の中で思い通りの声が出せていても、いざ口にするとまったく出ないので。どうしてもテンションがあがらなかったです。せっかく良いお役をさせていただいたのに、悔しくて。

――そんな二〇一五年の大役は何と言っても「芝翫奴」。家名がついた奴さんです。押隈《おしぐま》（舞

台直後、隈取を羽二重の布に写す）は取りました？
■取りました。最初は上手くいかないこともあって、眉毛が二重になっちゃったり（笑）。
――『芝翫奴』を一日二回踊る機会は、なかなかありませんね。
■初めて踊った時は、最後まで踊れないかと思いました。肩で息をしてしまっていて。父に「国生は花道に出た時から最後まで、全部百パーセントで踊ろうとしている。それは無理だよ」と言われました。「足拍子を見せるとか、お前がどこを自分でお客様に一番見せたいかを考えなければいけない」と。それで一カ月の巡業の中日《なかび》を過ぎたあたりで、ここからギアを上げようという所を見つけることができました。やってみないとわからない。
――稽古は、いつごろからしましたか？
■六月歌舞伎座は昼一本だったので、終わってから伯母（中村流家元・梅彌《うめや》、父の姉）の家に行って稽古をして、最後の仕上げは父に見てもらいました。ただ、巡業が始まって、お客様が入ると、力が入ってしまいますので、七月一カ月は、太ももが張りっぱなし。パンパンでした。
――終わった後、足が上がらなくなると聞きます。
■そうです。巡業なので、終わると次の場所に移動するバスで皆さん待っておられる。父も「ゆっくりでいいよ」とは言ってくれるんですが、完全に早くしろという空気を出している（笑）。真夏で尋常でない汗です。風呂から急いでバスに乗り込んだあと、太ももがプルプルしてきました。

コクーンの稽古場にいくのが、嫌だった

――小仏小平《こぼとけこへい》【『四谷怪談』、主人のために薬を盗み、伊右衛門から惨殺される。その上、戸板に裏表でお岩の死骸と張りつけにされる】（二〇一六年六月シアターコクーン・まつもと大歌舞伎）**も大きい役です。また古典でない演出で共演者も違います。本格的に、演出の串田和美さんとがっつぷり四つというのは？**

■その前のコクーンが初めてでした、『盟三五大切《かみかけてさんごたいせつ》』（二〇一一年六月）で八右衛門をやらせてもらって。その時はまだまったく芝居に出ていない時で、毎日居残り稽古をさせてもらって、一から徹底的に、手取り足取り教えてくださいました。

――歌舞伎の教え方ではないもので？

■そうですね、ただ歌舞伎もほかの演劇も共通する基礎を教えていただきました。心がな

いと。ただセリフを連ねているだけでは、セリフマシーンになってしまうという教え。心やお腹（思案）の作り方、その表現法。お客様に伝わらなかったら意味がありません。あとは声の出し方。

――それはなるほどと思う？

■なるほど、というより、その時はすべて受け入れて、受け入れきれないものも受け止めて、まずは何でもやってみる気でした。駄目と言われたら駄目なんだ、串田さんの演出法がそういう形ですから、自分ができる、思いついたことは何でもやったり。技術的な部分は変わらなかったかもしれませんが、意識的な部分で、もっと頑張らなければということを痛感して、ちゃんと役者を生涯の仕事にしていこうと思ったのは、その時のコクーンの経験がすごく大きかったです。だから今回のコクーンも、すごく気合いが入っていました。

――八右衛門、何歳の時ですか？

■十五、六歳だったと思います。

――わからないですよね、その頃は。

■毎朝、稽古場に行くのはいやでした（笑）。帰ってきて終わった、でも言われたことをまとめてノートに記録し、夜遅くなって、もう数時間後には稽古場だ、いやだなと（笑）。

やっている時は、楽しいとはひとかけらも思わなかったです。殺される、とまでは言いませんが。

——お父さんたちは何も？

■何も言わなかったです、むしろ言ってもらいなさいと。ちょうど前々回の『盟三五大切』は、（中村）勘九郎にいさんが、僕と同じ年で八右衛門をやっていたんです。その時にいさんが言っていました、『親父に殺されるかと思った』って（笑）。本当に怒鳴られまくったらしいです。そのアドバイスも伝えてくださいました。もっと厳しかったよ、とも。

——いやだったけれど終わった。その年頃だからしばらく機会はない。どう思いました？もっと？　これでも死ぬほどいやなのに、と思ったり（笑）。

■めちゃくちゃ出たかったです。その年の十月に、祖父（先代・芝翫）が亡くなったんです。そして十一月から中村座でロングランが始まりました。

「ヤットンじいじ」と「リーパパ」の教え

——歌舞伎の家に生まれて、いやだとは思った時がありましたか？

■いやだと思ったことはないんです、ずっと大好きで、小さい頃から芝居ごっこをして遊んで。いやだったとおっしゃる方もいらっしゃるでしょうけれど、取材用の答えじゃないですよ（笑）。さっきのコクーンの「いや」とはまた違うんです（笑）、歌舞伎役者になりたくないと思ったことはないですね。

——では、歌舞伎の先輩から教えを受けた経験は？

■一番おっしゃってくださったのは、三津五郎のおじさまです。雀成会（中村流の舞踊会）の時（二〇一三年五月）に、『大原女《おはらめ》』【物売り女・面を付けて踊り、後半は引き抜いて奴になる】と『紅葉狩《もみじがり》』【戸隠山中での鬼女退治の舞踊】の山神《さんじん》【毒酒で眠る平維茂《たいらのこれもち》主従に危険を知らせる】をやらせていただいて、三津五郎のおじさまの家で稽古をつけていただきました。よその家できっちり習うのが初めての経験で、何時間もお稽古をしてくださった。先輩によっては、まだ言ってもわからないから言わないという方もいますが、おじさまは、僕にもわかるように噛み砕いてすべて的確に教えてくださって、もう一回もう一回と何回も同じ所を稽古して。どちらの作品もなかなか辛い役ですが、長時間稽古をしてくださった。その時にお面の踊り方（大原女はお多福の面で踊る）を教わったんです。

——大原女のお面の使い方は違うんですか？

■お面は横顔がない、「おかめならなるべく上を向いていたほうが良い」とか、「お面がある時とない時では体の使い方が変わってくる」と。それが『三社祭《さんじゃまつり》』【清元の舞踊・漁師二人の軽快な踊り・後半、善・悪と書かれた丸い面で踊る】にも生きてくると思います。稽古が終わったら、ご飯食べていけと言われ、地下の居間で食べている時、足が痛いのを通り越してもう動かない。それで、ヤットンじいじ（三津五郎）が、すごい良いお肉を出してくださって、先に食べてもいいよと言われ、ソースがまだかかっていなかったのに、全部食べてしまった（笑）。食べた後に友紀奈ちゃん（三津五郎長女）がソースを持ってきて、「味、なかったでしょう」と。それに気づかないくらい足が痛かったんです。帰り道は歩けなくて母（三田寛子）に迎えに来てもらいました。家でも二階に上がれなくて、一階の父と母の部屋で寝ました（笑）。高校一年生です。リーパパ（中村勘三郎）が亡くなった次の年。それでヤットンじいじにお願いして……。

――聞いていると混乱します（笑）から整理します。三津五郎さんはかつて坂東八十助《やそすけ》さんだったから「ヤットン」かぁ。じいじなんですね（笑）。お宅では、そう呼んでいたんですか。ほかの楽屋の皆さんは呼ばないですよね（笑）。それで、勘三郎さんの「リーパパ」は？

▒はい、本名が哲明《のりあき》で通称「のりちゃん」が一般的ですが、我が家は「リーパパ」に。リーパパはまだ良かったんです、「ヤットンじいじ」とか、勘九郎にいさんを「オッキイにいに」、七之助にいさんを「チッサイにいに」と呼んでいて、小さい頃は良かったんですが、二十歳超えてくると、もうちょっと違う、大人でも呼びやすい呼び名を最初に教えてほしかったと思います（笑）。昔は勘九郎にいさんともため口で遊んでいたりしましたが、さすがに今はできないですから。

――染五郎さんがずっと「あーちゃん」と呼ばれていましたが、各家でも呼び方が違うのがわかりました。三津五郎さんの肝心の教えは？

▒よく教えてくださって。二回稽古してくださったんですが、それだけ人に教えていただいたのは初めてだったので、そのご恩に報いたい、その労力に応えたいと思って、自分なりに二週間、めちゃくちゃ稽古をして、ヤットンじいじのおっしゃっていることを何回も解釈し直して、毎日踊って、次の稽古の時に、「よく二週間でここまで仕上げた」とすごく褒めてくださって、嬉しかった。その日の夜は普通にご飯を食べて帰れました（笑）。それで本番を終え、お宅までご挨拶に伺って、駄目だったところ、改善したほうが良いことを紙に書いて教えてくださった。

――今も持っています？

■あります。学生だったので、ルーズリーフに言われたことを全部書き留めていて、そこにまとめてファイルしています。

橋之助の船出

――二〇一六年十一月、ふた月目の襲名披露は『連獅子』（長唄の舞踊・狂言師が親獅子・子獅子となって踊る）です。「四人総出演」ですか。子獅子をやったことは？

■普通の『連獅子』を通してはないですが、後《のち》シテだけなら父と何回かやっています。実は親獅子だけは通しでやっているんです、舞踊会で、宗生《むねお》（福之助）と。

――親獅子のこしらえをして？

■はい。あとは納涼歌舞伎で、『三人連獅子』の子獅子を父と、（中村）扇雀のおじさまとやらせていただいたこともあります。

――それなら襲名公演でもそんなに不安はないですね。

■そうですね、でも子獅子の前シテを兄弟三人で踊るのは初めてで、不安はあります。

十一月は最初に『連獅子』があって、高麗屋《こうらいや》のおじさま（松本幸四郎）の『加賀鳶《かがとび》』に出て、夜は『口上』と、『芝翫奴』をやらせていただきます。

――前年、苦労した『芝翫奴』を歌舞伎座で出してもらえるのですね。

■兄弟三人、トリプルキャストでです。僕が十日間、宗生、宜生《よしお》（歌之助）がそれぞれ八日間です。

――あと何を？

■十月は昼の部の序幕の踊り『初帆上成駒宝船《ほあげていおうたからぶね》』【長唄の新作御祝儀舞踊】です。襲名の（配りものの）扇子を山口晃先生（画家）に描いていただいたんです。すごく良い絵で成駒屋の系統、母方の系統、僕たちの名前など、それらをもじって詩も書いてくださった。それをそのまま長唄の歌詞にして、それを兄弟三人で踊ります。

――まさに新名跡の、初航海、船出ですね。作曲は？

■鳥羽屋《とばや》三右衛門さんと杵屋五吉郎《ごきちろう》さんです。その後に父の『幡随院』に出て、兄弟三人で子分に出させていただきます。夜の部は『口上』に出て、『熊谷陣屋《くまがいじんや》』の堤軍次《つつみのぐんじ》【熊谷直実の家来】。

――お父さんは当然、芝翫型で熊谷をやる。前に見ているでしょう？

■見ています、でも幕外《まくそと》（の演出）だったので、引っ張り（本舞台上で幕切れを迎える演出）はまだ見ていません（通常の九代目市川團十郎の型と違って、衣裳、化粧、制札の持ち方、幕切れの演出などが違う。四代目芝翫の演じ方を伝承する）。

「おやつが食べられる身分なんですね」

――お祖父さんの七代目芝翫さん、少年時代の思い出は？

■僕たちは子どもが多かったんで、神谷町《かみやちょう》（芝翫邸）で子どもがワチャワチャしていて、祖父や父、伯父たちは離れたところでご飯を食べている。

――大家族の一つの絵ですね。

■怒られることもありませんでした。ただ、ある日、学校から神谷町での稽古に直接行って、応接間で着替えていて、お腹が空いていたので祖母が出してくれたおやつを食べていたら、「あなたたちはそんなに踊りが上手いんですね、お稽古もしないで、おやつを食べられる身分で、偉いですね」と言われました。そういう言い方をされたのは初めてで、めちゃくちゃ怖かったです。すぐに着替えて稽古に行きました。普段は怒りませんが、お稽古事に関してだからと思います。自分の稽古の番でなくても見ていなさいという教えです。小学校の中頃くらいでした。

——**静かに言うんですね。普段競馬に熱中していた、楽しいお祖父さんとは思えない。**

■可愛い、お茶目なところもあるんですよ。僕は競馬がまったくわからないけれど、好きな数字を言わされるんです。「そんな番号、絶対来ないよ」となって買わなかったのが、ものすごい当たりがついたんです。僕に「国生、何でもっと強く買えと言わなかったんだ」と冗談半分で言うんです。

——**(笑)お顔が浮かびます。**

■あと、有名なお菓子屋のクッキー、僕は水色のミント味が大好きで、それだけ食べていた。神谷町にたくさんあって。祖父が小さな袋にそれだけを集めて、くださったんです。

——**一人ひとりのことをよく知っていてくれたんですね。「母一人、子一人の青春時代だったから、大家族になって、とても嬉しかったんだ」とおっしゃっていました。お父さんも怒ったりはしないし、良い育て方をされたと思います。**

■父より、母に育てられたと言った方がいいかもしれません。父はもちろん歌舞伎の仕事で飛び回っているときでも、たくさん遊んでもらいましたが、物事の良し悪しを教えてくれたのは母でした。厳しかったです。ふたりとも、反面教師にしたいところもありますが、ちょうど良いバランスだと思います。

――今回、襲名が決まってから、お父さんからきちんと言われたことはありますか？

■そうですね、「成駒屋という家ですから、行儀は良くしなければいけない」、浅草に出る時に、「若いお客様がたくさんいらっしゃるところ。芸が荒れないように」と。

――ちやほやされますからね。

■「お客様を変に喜ばす、受けを狙うようなことは絶対にしてはいけない」と言われました。それは浅草だけでなく、橋之助という名前を継ぐこともそうだし、歌舞伎以外の舞台に出る時もそう。口酸っぱく言われました。橋之助になっても、そこが自分の核、正しく丁寧にというのをすごく意識して演じるように心がけていました。

――橋之助さんは跡取り。楽しみです、襲名が決まってインタビューはしょっちゅう、同じこと聞かれて、いやでしょう？

■そんなことないです、色々話せて、伺えて、楽しかったです。有り難うございました。

（平成二十八年七月二十五日　於松竹本社会議室）

青春のルーズリーフ

15年ほど前、国立劇場の一階席最後列で四人が歌舞伎を見ていた。三田寛子と三人の息子たち。どの子も「カワイイ」。美男美女から、こんな宝物が生まれますよという見本だった。愛らしいだけでなく、幼児の三男まで行儀のいいこと、私語もなく、母親も「シー」などといわない。見事にしつけが行き届いていた。また見入る三人に、芝居好きが遺伝している嬉しさを感じたものだ。

その長男、国生が橋之助襲名。次男・福之助、三男・歌之助と共に、まずはめでたい。この三人は特別な環境で育った。福助、先代橋之助兄弟の姉が勘三郎家に嫁いだからだ。歌舞伎界の人気者、有名人が、この家だけの愛称で本文でも出てくる。クイズ「リーパパ」って誰でしょう？（正解は本文に）

父もテレビドラマなどで活躍し華やかな交友関係の家である。でも、それに浮わつくことなく父の「謙虚に」という教えを、ひたすら守っているようにも思う。高校時代は太っていたが「リーパパ」の「それでは役ができない」のひとことで減量成功。亡くなった祖父・芝翫から始まる一族は、華やかだが、厳しい教えが、これからの新しい橋之助を作ってゆくだろう。先輩の指導をメモしているという「ルーズリーフ」。20年後に、ぜひ、その成果を見せてほしい。

あとがき

京舞の人間国宝・五世井上八千代は名人、先代八千代の孫として生まれ、二歳半から稽古を始めた。その折の一枚だけが笑顔の写真。以後は厳しい修業が待っていた。小学校入学前、祖母ではなく師としての四世から壮絶な叱責を受け女紅場での稽古を終えた。自宅に帰ってから「泣かへんかって、かしこかったな」と褒められたことを還暦近くになって思い起こしたという。泣く、つまり涙を流すことに意味はない。それより歯を食いしばって舞台を勤めることがどれほど尊いか、身を持って教わった導き。何故今日の八千代があるか、よくわかる逸話だ。

本書でも十五人に等しく聞いたのは、十代で受けた厳しい稽古の思い出だ。歌舞伎の家に生まれた宿命を誰もが味わい、忘れていない。インタビューしながら感心したのは、いまどきの二十代で、これほど社会性があり、自分を語れる青年がいるのかということだ。雄弁とは違う。各人、噛みしめるように自分を個性的な口調で語ってくれた。ただし文字にできないものも多かった。それは、関係者に差し障りがある慮《おもんぱか》りだ。私は、その思いを受け止めて発言を書き替え、本文に書き加えていったつもりだ。

歌舞伎界は世の職業と同様、どんなに夢を語ろうと、自分で実現できなければ空論に過ぎない。門閥や血のつながりがあるかもしれないが、やはり実力社会だ。芸の力を「腕」ともいう。所詮、腕がなければ、役がつかなくなってくる。梨園は温室ではなく競争社会。毎回の舞台が昇進試験でもあるのだ。

答えが慎重なあまり、書けないと思ったこともあり、多弁でも中身がないと失礼ながら案じたこともあった。だが違っていて、それぞれの個性が未熟な聞き手の耳を惑わしただけであった。

十年、二十年経ってから、成長した十五人の原点を、読者はもちろん、当人たちも、読み返すことを楽しみにしてほしい。

未来の『僕ら』に乾杯。そして感謝。

通称・略称・場（主に本文中で用いた語）	読み	本外題（★は歌舞伎舞踊・舞踊劇）	読み
『阿古屋』	あこや	『壇浦兜軍記』	だんのうらかぶとぐんき
『十六夜清心』	いざよいせいしん	『花街模様薊色縫』	さともようあざみのいろぬい
『石切梶原』	いしきりかじわら	『梶原平三誉石切』『名橘誉石切』	かじわらへいぞうほまれのいしきり、なもたちばなほまれのいしきり
『伊勢音頭』	いせおんど	『伊勢音頭恋寝刃』	いせおんどこいのねたば
『一條大蔵譚』『一條大蔵卿』『菊畑』	いちじょうおおくらものがたり	『鬼一法眼三略巻』	きいちほうげんさんりゃくのまき
『妹背山』『吉野川』『杉酒屋』『お三輪の道行』『御殿』	いもせやま、よしのがわ、すぎさかや、おみわのみちゆき、ごてん	『妹背山婦庭訓』	いもせやまおんなていきん
『薄雪物語』『花見』『詮議』『合腹』	うすゆきものがたり、はなみ、せんぎ、あいばら	『新薄雪物語』	しんうすゆきものがたり
『大石最後の一日』	おおいしさいごのいちにち	『元禄忠臣蔵』	げんろくちゅうしんぐら
『おさん茂兵衛』	おさんもへえ	『大経師昔暦』	だいきょうじむかしごよみ
『お染の七役』	おそめのななやく	『於染久松色読販』	おそめひさまつうきなのよみうり
『女清玄』	おんなせいげん	『隅田川花御所染』	すみだがわはなのごしょぞめ
『加賀鳶と道玄』	かがとびとどうげん	『盲長屋梅加賀鳶』	めくらながやうめがかがとび
『鏡獅子』	かがみじし	『春興鏡獅子』★	しゅんきょうかがみじし
『鏡山』	かがみやま	『加賀見山旧錦絵』	かがみやまこきょうのにしきえ
『籠釣瓶』	かごつるべ	『籠釣瓶花街酔醒』	かごつるべさとのえいざめ
『合邦』『玉手御前』	がっぽう、たまてごぜん	『摂州合邦辻』	せっしゅうがっぽうがつじ

『髪結新三』	かみゆいしんざ	『梅雨小袖昔八丈』	つゆこそでむかしはちじょう
『河庄』『紙屋治兵衛』	かわしょう、かみやじへえ	『心中天網島』	しんじゅうてんのあみじま
『勢獅子』	きおいじし	『勢獅子劇場花篭』★	きおいじしかぶきのはなかご
『金閣寺』	きんかくじ	『祇園祭礼信仰記』	ぎおんさいれいしんこうき
『草摺』『草摺引』	くさずり、くさずりびき	『正札附根元草摺』★	しょうふだつきこんげんくさずり
『葛の葉』	くずのは	『蘆屋道満大内鑑』	あしやどうまんおおうちかがみ
『熊谷陣屋』	くまがいじんや	『一谷嫩軍記』	いちのたにふたばぐんき
『毛谷村』『杉坂墓所』	けやむら、すぎさかぼしょ	『彦山権現誓助剣』	ひこさんごんげんちかいのすけだち
『源氏店』『切られ与三』『お富・与三郎』	げんじだな、きられよさ、おとみ・よさぶろう	『与話情浮名横櫛』	よはなさけうきなのよこぐし
『河内山』『質見世』『松江邸』	こうちやま、しちみせ、まつえてい	『天衣紛上野初花』	くもにまごううえののはつはな
『骨寄せの岩藤』	こつよせのいわふじ	『加賀見山再岩藤』	かがみやまごにちのいわふじ
『魚屋宗五郎』	さかなやそうごろう	『新皿屋舗月雨暈』	しんさらやしきつきのあまがさ
『実盛物語』	さねもりものがたり	『源平布引滝』	げんぺいぬのびきのたき
『三社祭』『神功皇后・武内宿祢』『通人』『石橋』『四段返し』	さんじゃまつり、じんぐうこうごう・たけうちのすくね、つうじん、いしばし	『弥生の花浅草祭』★	やよいのはなあさくさまつり
『三人吉三』『大川端』	さんにんきちさ、おおかわばた	『三人吉三廓初買』『三人吉三巴白浪』	さんにんきちさくるわのはつがい、さんにんきちさともえのしらなみ
『俊寛』	しゅんかん	『平家女護島』	へいけにょごがしま

通称・略称・場（主に本文中で用いた語）	読み	本外題（★は歌舞伎舞踊・舞踊劇）	読み
『白浪五人男』『浜松屋』『弁天小僧』『稲瀬川勢揃い』	しらなみごにんおとこ、はままつや、べんてんこぞう、いなせがわせいぞろい	『青砥稿花紅彩画』『弁天娘女男白浪』	あおとぞうしはなのにしきえ、べんてんむすめめおのしらなみ
『素襖落』	すおうおとし	『襖落那須語』★	すおうおとしなすものがたり
『菅原伝授』『加茂堤』『筆法伝授』『道明寺』『車引』『賀の祝』『寺子屋』	すがわらでんじゅ、かもつつみ、ひっぽうでんじゅ、どうみょうじ、くるまびき、がのいわい、てらこや	『菅原伝授手習鑑』	すがわらでんじゅてならいかがみ
『助六』	すけろく	『助六所縁江戸櫻』	すけろくゆかりのえどざくら
『関の扉』	せきのと	『積恋雪関扉』★	つもるこいゆきのせきのと
『雪月花』	せつげつか	『舞鶴雪月花』★	ぶかくせつげっか
『先代萩』『竹の間』『御殿』『飯炊』『床下』『対決』『刃傷』	せんだいはぎ、たけのま、ごてん、ままたき、ゆかした、たいけつ、にんじょう	『伽羅先代萩』	めいぼくせんだいはぎ
『千本桜』『渡海屋』『大物浦』『すし屋』『吉野山』『道行(静と忠信)』『四の切』『川連法眼館』『狐忠信』『道行初音旅』	せんぼんざくら、とかいや、だいもつのうら、すしや、よしのやま、みちゆき（しずかとただのぶ）、しのきり、かわつらほうげんやかた、きつねただのぶ、みちゆきはつねのたび	『義経千本桜』	よしつねせんぼんざくら
『曽我の対面』『対面』	そがのたいめん、たいめん	『寿曽我対面』	ことぶきそがのたいめん
『袖萩祭文』『安達原の三段目』『あだちがはらのさんだんめ』	そではぎさいもん、あだちがはらのさんだんめ	『奥州安達原』	おうしゅうあだちがはら

『地球投五郎』	ちきゅうなげごろう	『地球投五郎宇宙荒事』	ちきゅうなげごろううちゅうのあらごと
『忠臣蔵』『大序』『四段目』『判官切腹』『城明け渡し』『道行(おかる勘平)』『五段目』『山崎街道』『鉄砲渡し』『六段目』『身売りのおかる』『勘平腹切り』『七段目』『茶屋場』『釣燈籠』『八段目』『道行旅路花嫁』『九段目』『山科閑居』『十一段目』『討ち入り』	ちゅうしんぐら、だいじょ、よだんめ、はんがんせっぷく、しろあけわたし、みちゆき(おかるかんぺい)、ごだんめ、やまざきかいどう、てっぽうわたし、ろくだんめ、みうりのおかる、かんぺいはらきり、しちだんめ、ちゃやば、つりどうろう、はちだんめ、みちゆきたびじのはなよめ、くだんめ、やましなかんきょ、じゅういちだんめ、うちいり	『仮名手本忠臣蔵』	かなでほんちゅうしんぐら
『天下茶屋』『天下茶屋の敵討』	てんがぢゃやのかたきうち	『敵討天下茶屋聚』	かたきうちてんがぢゃやむら
『天竺徳兵衛』	てんじくとくべえ	『天竺徳兵衛韓噺』	てんじくとくべえいこくばなし
『供奴』	ともやっこ	『芝翫奴』★	しかんやっこ
『名残の正月』	なごりのしょうがつ	『夕霧名残の正月』★	ゆうぎりなごりのしょうがつ
『夏祭』	なつまつり	『夏祭浪花鑑』	なつまつりなにわかがみ
『鳴神』	なるかみ	『鳴神不動北山桜』	なるかみふどうきたやまざくら
『廿四孝』『十種香』『奥庭』『狐火』	にじゅうしこう、じゅしゅこう、おくにわ、きつねび	『本朝廿四孝』	ほんちょうにじゅうしこう
『二人道成寺』	ににんどうじょうじ	『京鹿子娘二人道成寺』★	きょうがのこむすめににんどうじょうじ
『封印切』『新口村』	ふういんきり、にのくちむら	『恋飛脚大和往来』	こいびきゃくやまとおうらい

通称・略称・場（主に本文中で用いた語）	読み	本外題（★は歌舞伎舞踊・舞踊劇）	読み
『乗合船』	のりあいぶね	『乗合船恵方萬歳』★	のりあいぶねえほうまんざい
『馬盥』	ばだらい	『時今也桔梗旗揚』	ときはいまききょうのはたあげ
『八犬伝』	はっけんでん	『南総里見八犬伝』	なんそうさとみはっけんでん
『春駒』	はるこま	『當年祝春駒』★	あたるとしいわうはるこま
『幡随』『幡随院』	ばんずい、ばんずいいん	『極付幡随長兵衛』	きわめつきばんずいちょうべえ
『百物語』	ひゃくものがたり	『闇梅百物語』★	やみのうめひゃくものがたり
『双蝶々』『角力場』『引窓』	ふたつちょうちょう、すもうば、ひきまど	『双蝶々曲輪日記』	ふたつちょうちょうくるわにっき
『筆屋幸兵衛』『筆幸』	ふでやこうべえ、ふでこう	『水天宮利生深川』	すいてんぐうめぐみのふかがわ
『文七元結』	ぶんしちもっとい	『人情噺文七元結』	にんじょうばなしぶんしちもっとい
『娘道成寺』『道成寺』	むすめどうじょうじ、どうじょうじ	『京鹿子娘道成寺』★	きょうがのこむすめどうじょうじ
『め組の喧嘩』	めぐみのけんか	『神明恵和合取組』	かみのめぐみわごうのとりくみ
『戻駕』	もどりかご	『戻駕色相肩』★	もどりかごいろにあいかた
『盛綱陣屋』	もりつなじんや	『近江源氏先陣館』	おうみげんじせんじんやかた
『矢口渡』	やぐちのわたし	『神霊矢口渡』	しんれいやぐちのわたし
『四谷怪談』	よつやかいだん	『東海道四谷怪談』	とうかいどうよつやかいだん

葛西聖司　かさい せいじ

アナウンサー・古典芸能解説者。東京都生まれ、中央大学法学部卒業。NHKのアナウンサーとしてテレビ、ラジオのさまざまな番組を担当。現在はその経験を生かし、歌舞伎など古典芸能の解説や講演、また日本伝統文化の講義などで大学の教壇にも立ち、執筆活動も続けている。日本演劇協会会員、早稲田大学公開講座・NHK文化センター・朝日カルチャーセンター・山梨文化学園・日本体育大学講師。著書に『文楽のツボ』（NHK出版）『名セリフの力』『ことばの切っ先』（ともに展望社）、共著は『能狂言なんでも質問箱』（檜書店）『歌謡曲の力』（展望社）など多数。

写真提供／協力

松竹株式会社（カラー口絵【松竹】）
福田尚武（カラー口絵【福田】）
田口真佐美（カラー口絵【田口】）

公益社団法人日本俳優協会
独立行政法人日本芸術文化振興会〔国立劇場〕

装幀　中本訓生

僕らの歌舞伎 —先取り！新・花形世代15人に聞く—

平成28年11月7日　初版発行

著　者　葛西聖司
発行者　納屋嘉人
発行所　株式会社 淡交社
　本社　〒603-8588 京都市北区堀川通鞍馬口上ル
　　　　営業　075-432-5151　　編集　075-432-5161
　支社　〒162-0061 東京都新宿区市谷柳町39-1
　　　　営業　03-5269-7941　　編集　03-5269-1691
　　　　http://www.tankosha.co.jp

印刷・製本　　三晃印刷株式会社

ISBN978-4-473-04119-7